KB215162

뇌발달이 알려주는
행복한 육아

아이는 경험으로 자란다

뇌발달이 알려주는 행복한 육아

아이는 경험으로 자란다

초판1쇄 발행	2019년 9월 16일
지은이	윤신애 최성미
일러스트	오하나
편집디자인	리브러브런
펴낸곳	컨텐츠조우
펴낸이	최재용
출판등록	2018년 3월 29일 제25100-2018-000025호
주소	서울시 은평구 서오릉로 21길 34
전화	02) 310-9775
팩스	02) 310-9772
전자우편	jowoocnc@gmail.com

* 이 도서의 국립중앙도서관 출판도서목록(CIP)은 서지정보유통지원시스템 홈페이지 (http://www.seoji.ni.go.kr)와

  국가자료공동목록시스템 (http://www.nl.go.kr/kolisnet) 에서 이용하실 수 있습니다.

  CIP제어번호: CIP2019032545

뇌발달이 알려주는
행복한 육아

아이는 경험으로 자란다

컨텐츠조우

알면 불안하지 않다

"뇌"가 없이는 이야기가 되지 않을 만큼 "뇌"가 화두인 시대입니다. 시대의 흐름에 가장 민감하게 반응하는 분야가 육아와 교육이기에 그런 걸까요? "뇌"에 관한 이야기가 육아와 교육 분야에 빠르게 들어와 다양하게 사용되고 있습니다.

뇌와 관련된 이야기는 아이를 키우는 부모님들에게 유용한 정보를 담고 있습니다. 그러나 단지 "뇌"라는 키워드로 표면적인 사실이나 과학적 사실과 무관한 이야기를 늘어 놓으면서 아이를 잘 키워보려고 노력하는 부모님들의 마음을 흔들어 놓고 이익을 취하려는 사람들이 있다는 것도 사실입니다.

육아 경험이 없는 제가 육아에 대한 책을 쓴다는 것이 부담이었지만 육아와 교육에서 잘못 이야기되는 뇌발달과 뇌과학에 대한 지식만큼은 부모님들이 제대로 알고, 그래서 "이것이 좋더라, 저것이 좋더라"하는 이런저런 말들에 휩쓸리고, '나는 남들만큼, 혹은 남들보다 아이를 더 잘 보살피지 않는 것이 아닐까'라는 막연한 불안감을 가지지 않길 바라는 마음에서

이 책을 쓰게 됐습니다.

육아와 교육은 어쩌면 아이를 보살피는 게 아니라 아이를 통해 부모가 성장하는 것이 아닐까라는 생각이 들 정도로 "엄청나게 힘든 일"이라는 것이 아이를 가진 주변인들의 다양한 이야기를 듣고, 또 4명이나 되는 사랑하는 조카를 둔 고모로서 짧은 시간이나마 육아를 체험하며 든 생각입니다.

이 책이 육아와 교육에 대한 부모님들의 부담을 덜어주지는 못하겠지만 제가 알고, 배웠고, 지금도 배우고 있는 뇌과학적인 올바른 지식이 아이를 키우는 부모님들의 육아에 조금이나마 도움이 되길 바라며, 잘못된 정보로 불안감을 느끼고 "더 많은 것을 해주지 못해 미안하다"라는 생각을 느낄 필요가 없음을, 그리고 진정으로 아이를 위한 육아와 교육이 무엇인가를 다시 한 번 생각해 볼 수 있는 작은 계기와 다짐의 시간이 되길 바랍니다.

윤신애 드림

5

아이의 모든 것이 궁금한 부모님께

부모에게는 그런 마음이 있습니다.

'내 아이의 모든 것을 알고 싶다.'

'아이에게 가장 좋은 환경을 선물하고 싶다.'

이 책은 이러한 부모의 마음에 작은 해답을 드리고자 쓰여졌습니다.

'내 아이의 모든 것을 알고 싶다.'

태아기부터 영유아기까지 아이의 뇌에서는 어떤 일들이 일어나고 있는지, 아이의 행동들에는 어떠한 이유와 의미가 있는지 알려드립니다.

'아이에게 가장 좋은 환경을 선물하고 싶다.'

아이에게 가장 큰 환경은 바로 부모입니다. 넓은 공간과 좋은 교재, 교구가 없더라도 부모들이 아이들에게 꼭 필요한 양육 방법으로 아이를 길러낸다면 아이들은 성장하기에 가장 좋은 환경을 선물 받을 수 있습니다. 바로 그 꼭 필요한 양육법을 알려드립니다.

물론 이 책에서 이야기하는 내용들이 아무도 모르고 있던, 전혀 새로운 사실들은 아닙니다. 뇌과학이라는 이름으로, 인지발달이라는 이름으로 많

은 전문가들이 다양한 매체를 통해서 이야기한 내용들이 많이 포함되어 있을 것입니다.

　하지만 부모교육 프로그램을 통해 만나게 되는 부모님들과 이야기를 나눠보면 그런 육아 상식들이 우리들에게 단편적인 지식으로 조각조각 알려져 있을 뿐이라는 걸 알 수 있습니다. 많이 알고 있다고 이야기하는 부모라도 실제 육아를 가까이서 들여다 보면 알고 있는 것과 적용하는 것은 많이 다르다는 걸 느끼게 됩니다. 그래서 저는 이 책에서 설명하는 뇌과학적 지식이 실제 양육에서 어떻게 적용될 수 있는지를 고민하며 육아 에세이를 써 내려 갔습니다. 실제로 상담과 교육의 현장에서 있었던 일들을 최대한 많이 알기 쉽게 담아내려고 노력하였습니다. 독자 여러분들이 마음을 열고 읽어주시길 부탁드리겠습니다.

　양육은 한번도 가보지 못한 바다를 항해하는 것과 같습니다. 많은 준비와 함께 시작한 항해이지만 순간 순간이 새롭고 두렵습니다. 풍랑이라도 만나면 한치 앞도 보이지 않고 몸을 가누기도 힘든 것이 항해입니다. 이 책이 아이에 대한 사랑 하나 붙잡고 고군분투하며 항해 중이신 부모님들께 별빛이 되고 지도가 되기를 바랍니다.

최성미 드림

여는 글

제1장 공부하기

1. 뇌의 구조와 기능

2. 아이의 뇌와 인지발달

제2장 적용하기 '시기별 양육법'

1. 태아기 뇌의 특성과 양육

2. 영아기 뇌의 특성과 양육

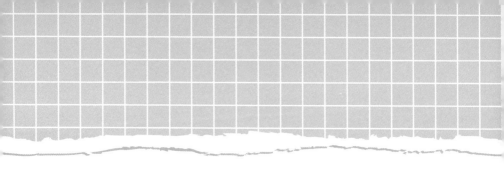

3. 유아기 뇌의 특성과 양육

제1장 공부하기

1. 뇌의 구조와 기능

임신부터 유아기에 이르기까지 시기별로 나타나는 뇌의 발달적 특성과 그에 따라 특별히 주의를 기울이거나 조심해야 할 양육법을 이야기하기에 앞서, 1장에서는 뇌의 기본적인 구조와 그 기능에 대한 전반적인 설명을 하려고 합니다. 뇌의 기본적인 구조와 기능에 대한 이해가 뇌 발달 단계에 따른 양육 방법에 대해 좀 더 과학적이고 체계적인 접근을 가능하게 할 뿐 아니라 우리가 제시하는 양육이나 육아법에 대한 과학적 근거를 제공하는 데 있어서 필수적인 일이기 때문입니다.

더불어 막연하게 알고 있었던 뇌 과학 상식에 대해서 잘못 알고 있는 것이 있다면 바로잡고, 이를 이용하는 사람들의 무고한 희생양(?)이 되지 않도록 도움을 주는 데에도 이러한 과학적 지식은 꼭 필요할 것 같습니다. 물론 조금은 복잡하고 난해해 보일 수 있지만, 그림과 함께 이해하려고 노력하다 보면 뇌에 대한 잘못된 지식을 바로잡고 뇌에 대한 전반적인 이해를 넓힐 뿐만 아니라 약간의 재미까지 느낄 수 있을 겁니다.

뇌의 따로, 또 같이

뇌는 아래 그림처럼 크게는 뇌간brain stem과 중뇌Midbrain, 소뇌cere -bellum를 이루는 **파충류의 뇌**, 대뇌변연계인 **포유류의 뇌**, 그리고 **인간의 뇌**라고 불리는 대뇌cortex 이렇게 세 부분으로 나뉩니다.

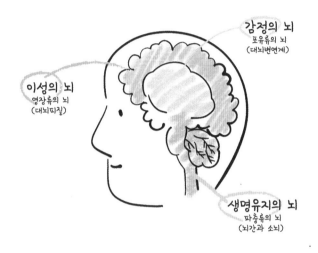

Paul McClean이 주장한 삼위일체의 뇌

이러한 구분은 1950년대 미국의 뇌과학자인 폴 맥클린Paul McClean이 제시한 이후 지금까지 뇌의 구조를 쉽게 이해하기 위해 사용되고 있습니다. 뇌의 각 부분들은 다시 여러 영역으로 세분화 되어있고, 각 영역들이 고유하게 담당하는 역할이 있습니다. 대표적인 예로 말을 하는 기능은 주로 좌반구의 전두엽에 위치해 있는 것입니다. 이 부분이 손상된다면 다른 영역이 멀쩡하더라도 말을 제대로 할 수 없게 되는 것입니다. 그렇지만 이보다 더 중요한 사실이 있습니다. 폴 맥클린이 구분한 뇌는 **삼위일체 뇌**라는 별명을 가지고 있습니다. 인간의 뇌는 각 부분이 따로 그 기능을 담당하면서 독립적으로 작용하는 것이 아니라 서로 협력해서 작용한다는 것입니다. 그만큼 뇌는 정확히 어떠한 영역이 어떤 기능만 담당한다고 말하기는 어렵습니다. 아래 그림에서 보는 것처럼 인간의 뇌는 각 영역들 끼리 긴밀히 연결되어 있으면서 각 영역들은 받아들인 정보를 서로 교환하고 소통하고 연합하여 처리합니다. 이런 정보들을 받아들이고 처리하여 다시 내보내는 일은 뇌의 신경세포인 뉴런이 담당합니다.

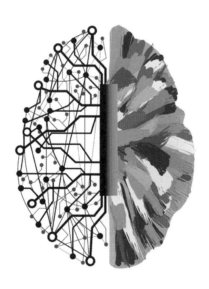

서로 다양하게 상호작용하며 작동하는 뇌

태아가 산모의 배 속에 있을 때부터 생성되는 뉴런은 인접한 뉴런 사이를 잇는 것부터 머리에서 발끝을 잇는 것까지 길이가 몇 mm부터 몇 m까지 다양합니다. 그리고 이 뉴런과 뉴런 사이에서 정보의 교환을 담당하는 영역을 **시냅스**라고 합니다.

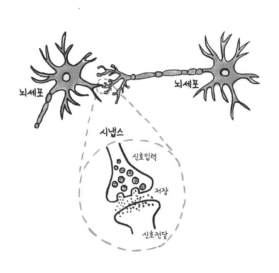

신호입력

저장

시냅스

뇌세포

뇌세포

신호전달

뇌세포인 뉴런과 뉴런 사이를 연결하여 정보를 전달하는 시냅스

아이의 뇌 발달은 뇌의 외형적 모습을 갖추는 것으로 끝나지 않고 뉴런 사이의 시냅스의 연결 강도에 따라서 그 연결이 강해지거나 약해지고, 경우에 따라서 없어지기도 하면서 안정화되는 과정입니다. 이렇게 시냅스로 연결되어 있는 뉴런들이 뇌를 구성하고 있는 중요 부분이며, 이런 뉴런들이 두개에서 많게는 몇 조개씩 연결되어 있기 때문에, 뇌의 한 영역에 문제가 생기면 그 영역이 담당하는 기능 외에 다른 기능들

을 수행할 수 없게 되는 경우도 있고, 반대로 뇌의 손상된 영역이 담당했던 기능을 대신 수행할 수 있게 되기도 합니다. 성인은 엄청난 훈련과 반복을 통해서 이런 재활이 가능하지만, 어린 시절에 뇌가 완전히 성숙하지 않은 상태에서는 이런 일들이 비교적 손쉽게 일어납니다. 그래서 뇌의 발달을 단계적으로 이해하는 것도 중요하지만 각 뇌 발달 단계에 따라 각 영역들이 긴밀하게 연결되어 간다는 개념을 잃지 않는 것도 굉장히 중요합니다. 다음에서는 각 뇌의 영역들이 하는 일과 영유아의 뇌 발달에서 어떤 의미를 가지는지 살펴보도록 할까요?

파충류의 뇌 – 뇌간brain stem 과 중뇌Midbrain, 소뇌cerebellum

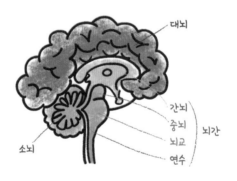

파충류의 뇌 – 뇌간, 중뇌, 소뇌

파충류의 뇌라고 불리는 뇌간, 중뇌, 소뇌는 가장 많이 세분화되어 있는 영역으로, 기본적인 생존 기능부터 고차원적인 기능까지 연결되어 다양한 역할을 합니다. 뇌간과 중뇌는 인간이 생명을 유지하는데 필요한 자기보존 활동(호흡, 심장박동, 체온조절, 소화 등)을 담당합니다. 그래서 이 영역은 가장 먼저 형성되고, 태어날 때부터 이 활동을 담당하는 뇌간 부분은 성숙해져 있습니다. 그렇지 않다면 생존 자체가 불가능해지겠죠? 이 부분은 대뇌의 명령을 받지 않고 자동적으로 작동합니다. 호흡, 심장박동, 체온 조절 등이 이성적으로 생각하고 판단해서 이루어지는 것이라면 우리는 매순간 얼마나 많은 생각과 판단을 내리며 살아야 할까요? 그렇다면 생존 자체가 엄청난 노동일 것 같습니다. 또 이 영역은 기본 욕구(식욕, 수면욕 등)를 조절하는 호르몬을 분비하기도 합니다. 본능에 충실한 영역이라고도 할 수 있습니다. 뇌간은 대뇌가 발달하면서 대뇌로부터 들어오는 감각 정보를 다시 대뇌에 연결해 주거나 여러 종류의 감각 정보들을 조절하고 연합하기도 합니다.

소뇌는 대뇌처럼 몸의 동작을 계획하거나 관장하는 주도적인 역할을 하는 것은 아니지만, 어떤 운동이나 동작을 하기 위해 필요한 다양한 일들을 합니다. 우리가 평소에 운동이나 어떤 동작을 할 때 전혀 중요하다고 생각하지는 않지만 동작을 위해 필요한 많은 일들(몸의 균형 유지, 근육의 수축과 이완, 반사 신경)말이죠. 미세하게 움직이는 일들은 소뇌가 담당하기 때문에 소뇌가 손상된 사람들은 미세한 움직임(양 손의 손가락 끝을 서로 만나게 하는 일 같은)에 문제가 생기며, 말을 정확하고 부드럽게 하지 못하는 언어 장애가 발생하는 경우도 있습니다.

소뇌는 절차적 기억procedural memory도 관장하는데 이 절차적 기억은 학습에도 중요한 역할을 합니다. 우리가 무언가를 처음 배울 때, (수영이나 자전거 타기, 운전하기, 출퇴근길 익히기 등)엄청난 주의와 집중력이 필요하죠? 하지만 그 일들은 꾸준히 반복하면 그다지 힘든 일이 아니게 됩니다. 그건 바로 반복과 연습을 통해서 이 과정들이 절차적 기억으로 변환되었기 때문입니다. 우리가 별로 힘을 들이지 않고 하는 일상생활의 모든 과정은 바로 이 절차적 기억 덕분에 가능한 일입니다. 소뇌는 뇌간이나 대뇌만큼은 아니지만 정서 발달에도 관여되어 있습니다.

포유류의 뇌 – 대뇌변연계Limbic system

포유류의 뇌라고 불리는 대뇌변연계Limbic system는 대뇌와 중뇌, 소뇌 사이에 위치해 있습니다. 뇌의 표면에서는 잘 보이지 않는데, 뇌를 좌/우로 나누었을 때 정확히 그 한가운데에 위치한 영역이기 때문입니다.

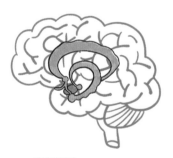

대뇌변연계Limbic System

대뇌 변연계는 운동 신경, 기억, 감정, 학습 등 인간에게 아주 중요하다고 여겨지는 기능을 담당합니다. 이 부분 또한 출생 시 어느 정도 성숙해져 있기 때문에 갓 태어난 아이들도 화를 낼 수 있게 되며, 그러한 감정을 울음을 통해 외부로 표현할 수 있습니다. 쾌감이나 즐거운 감정을 느끼는 것, 무엇인가를 하고 싶다는 동기부여 역할을 담당하는 대상회Cingulate gyrus도 이 대뇌변연계 윗쪽에서 동그랗게 감싸고 있습니다.

포유류의 뇌이자 감정의 뇌라고 불리는 이 대뇌 변연계는 감정 뿐 아니라 학습과 기억 그리고 동기부여의 역할을 맡고 있습니다. 따라서 이 영역은 포유류의 뇌라고 불리기는 하지만 우리의 일상 생활에 많은 영향을 미치는 영역입니다.

뇌의 각 영역들이 서로 밀접한 연결을 이루며 정보를 교환하기는 하지만 서로 관련이 있는 영역들은 가까이 위치해 있는 것이 아무래도 정보 교환이나 정보 처리에 있어서 좀 더 쉬워지겠죠? 이러한 맥락에서 볼 때 학습과 기억, 감정이 이 영역의 주요한 역할이라는 것은 이들이 서로 밀접하게 연결되어 있다는 것으로 유추해 볼 수 있습니다. 비슷한 맥락으로 이 대뇌 변연계는 나중에 살펴보게 될 대뇌의 앞쪽 영역, 즉 전두엽 frontal cortex에 전전두엽prefrontal cortex과 가까이 있습니다. 이것은 무엇을 의미하는 것일까요? 이 부분은 대뇌의 기능에 대해서 알아보면서 자세히 살펴보도록 하겠습니다.

대뇌 cerebrum 인간을 인간답게

대뇌피질 Cortex

우리가 "뇌"라고 이야기했을 때 흔히 보거나 상상할 수 있는 부분이 바로 이 대뇌입니다. 대뇌는 태어나면서부터 대략 12세까지 비교적 긴 시간에 걸쳐 발달되고 완성됩니다. 대뇌는 뇌과학에서 가장 오래, 많이 연구된 부분이고, 따라서 연구를 통해 밝혀진 사실이 가장 많은 영역이기도 합니다. 대뇌피질 cortex이라고 불리는 이 대뇌는 인간의 모든 고차원적인 정신 활동의 대부분(기억, 분석, 종합, 판단, 창조, 공감, 사고)을 관장합니다. 그래서 대뇌는 "인간의 뇌"라고도 불립니다. 뿐만 아니라 신체 모든 부위의 운동을 계획하고 조절하고 통제하는 관제탑 역할도 합니다. 그래서 뇌과학에서 가장 많은 관심을 가지고 연구를 하는 분야가 아닐까 합니다.

대뇌는 중앙을 기점으로 좌뇌와 우뇌로 분리되어 있습니다. 신기하게 좌뇌는 몸의 오른쪽을, 우뇌는 몸의 왼쪽을 통제하지만 왜 그런지 그 이유는 아직 밝혀지지 않았습니다. 그리고 뇌량이라고 하는 연결고리가 좌뇌와 우뇌를 연결하고 있습니다.

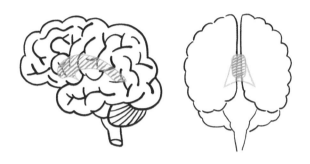

좌뇌와 우뇌를 연결해 주는 뇌량 Corpus Callosum

이 뇌량은 물리적으로 두개의 뇌를 연결할 뿐 아니라 좌뇌와 우뇌가 처리하는 정보들을 교환하거나 통합하는 굉장히 중요한 역할을 합니다. 좌뇌는 이성적, 논리적, 언어적, 수리적, 분석적, 합리적 활동을 주로 담당하고, 우뇌는 감성적, 직관적, 시간적, 공간적, 종합적, 창의적 활동을 주로 담당한다고 합니다. 좌뇌, 우뇌의 역할이 이렇게 구별되어 있다고 하지만 사실 뇌량이 이 두 반구를 연결해 주고 정보를 교환시키거나 통합하는 역할을 하기 때문에 그런 구분을 명확히 하는 것은 별 의미가 없습니다. 다만 일반적으로 뇌량은 여자가 남자보다 더 많이 발달됐기 때문에, 남자는 뇌량이 편평하고 얇은 데 비해 여자는 좀 더 두껍고 동그란 모양을 가지고 있다는 것을 알아두는 것은 좋을 것 같습니다. 정보 교환의 기능을 담당하는 뇌량의 두께 차이는 왜 여자가 남자보다 대화와 공감 능력이 더 뛰어난지, 왜 "육감"이라고 이야기하는 감각이 더 뛰어난지에 대한 직관적인 이해를 가능하게 하기 때문입니다. 뇌 표면에 굵직하게 나 있는 두 개의 홈을 기준으로 나뉘어진 네 개의 엽lobe이라고 불리는 부분이 각각 담당하는 기능에 대해 이야기하는 것이 훨씬 더 유용합니다.

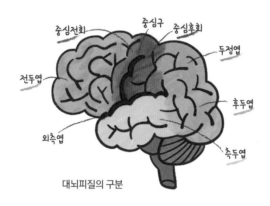

대뇌피질의 구분

이 엽들은 방금 말했던 뇌 표면의 굵은 홈을 기준으로 제일 앞부분을 전두엽, 윗부분을 두정엽, 옆부분을 측두엽, 뒷부분을 후두엽이라고 불리며, 우리가 자주 이야기하는 각 뇌의 부분이 담당하는 기능과 역할은 이 "엽"을 중심으로 이야기하는 것이 더 적합합니다. 그럼 각 엽들이 어떠한 기능을 담당하는지 살펴볼까요?

후두엽

후두엽은 뇌의 가장 뒷부분-뒷통수-에 자리잡은 대뇌피질입니다. 후두엽은 주로 시각 기능을 담당합니다. 후두엽은 아이의 출생 전(태아기)

부터 발달하기 시작하여 생후 12개월까지 꾸준히 왕성하게 발달합니다.

두정엽

두정엽은 대뇌피질의 가장 윗 부분입니다−우리가 "정수리"라고 하는 부분이라고 생각하시면 됩니다. 이 부분은 우리의 감각과 운동에 관련된 모든 일을 담당합니다. 뇌의 중심고랑 바로 뒷 부분에 자리한 1차 감각 피질 영역을 통해 시각자극과 청각자극을 제외한 외부에서 들어오는 모든 감각 정보들−촉각, 미각, 통각, 질감 등−은 이 두정엽을 통해서 들어옵니다. 외부에서 신체 부위를 통해 들어오는 감각정보를 어떤 영역에서 받아들이는지 묘사한 그림이 있습니다. 바로 **신체국소대응지도**라고 하는 아래 그림을 보면, 얼굴이나 손과 같은 부분들은 다른 신체 부위에 비해 굉장히 크게 표현되어 있는 것을 볼 수 있습니다.

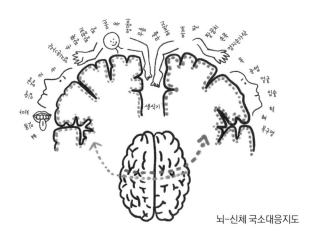

뇌−신체 국소대응지도

이것은 손이나 얼굴을 담당하는 뇌의 영역이 다른 신체 부위에 비해 넓고, 그만큼 세밀하게 통제되고 있다는 것을 의미합니다. 두정엽은 후두엽으로부터 들어온 시각 자극들을 공간감적으로 재조합해서 "내가 어디 있는지", 혹은 "지금 눈에 보이는 물체(예를 들면 컵과 같은)를 잡기 위해서 어떤 자세를 취해야 하는지" 등을 파악하기 위해 정보를 3차원으로 재현해냅니다—사실 후두엽으로부터 들어오는 시각 자극들은 모두 1차원인 점이나 2차원인 선들 뿐인데, 뇌가 나에게 들어오는 시각 정보들의 거리를 계산해 3차원으로 재창조 해내는 것입니다. 이 과정은 너무나 복잡하기 때문에 여기서 자세한 설명은 할 수 없지만 이러한 복잡한 계산들을 이 두정엽이 담당합니다. 그러니 자연적으로 이 두정엽은 계산과 관련된 기능도 담당하게 된다고 볼 수 있습니다. 일반적으로 여자에 비해 남자가 두정엽의 부피가 좀 더 큰 것으로 알려져 있는데, 그래서 일반적으로 여자보다 남자가 공간인지 능력이 좋아서 방향감각이 좋고 공간을 잘 파악하며 계산도 더 잘 할 수 있습니다.

측두엽

양쪽 귓부분쯤에 위치한 측두엽은 후두엽으로부터 들어온 시각 정보를 처리하여 지금 눈에 보고 있는 물체나 대상이 무엇인지를 알아내는 기능을 담당합니다. 두정엽이 공간지각의 시각 처리를 담당했다면 측두엽의 시각정보 처리는 물체나 대상을 인식하는 역할을 합니다. 즉, "내가 보고 있는 것이 무엇인가"를 판단하는 곳입니다. 측두엽은 청각 정보와 관련된 기능도 담당하는데, 이는 청각 피질이 측두엽에 있기 때문입니다. 가깝게 있는 것이 정보 교환에 효과적이기 때문에 귀로 들어온 정보를 바로 처리하도록 귀에 가장 근접한 위치인 측두엽이 청각 정보를 담당하는 것은 자연스러운 일입니다.

특이하게 청각 정보를 담당하는 이 측두엽은 전두엽의 일부분과 함께 다른 뇌의 영역들에 비해 좌반구와 우반구가 담당하는 기능이 확연히 다릅니다. 좌뇌 측두엽의 청각피질 쪽에는 **베르니케** 영역이라고 불리는 부분이 있는데, 이 베르니케 영역은 언어 관련 청각 정보만을 받아들이고 이해하는 영역입니다. 이 영역은 다른 사람의 말을 제대로 이해하지 못하면서 엉뚱한 이야기만 주구장창 늘어놓았던 환자의 뇌를 해부한 칼 베르니케라는 의사가 발견한 영역입니다.

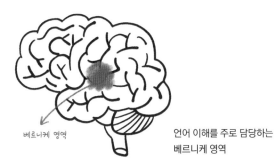

베르니케 영역

언어 이해를 주로 담당하는
베르니케 영역

반면에 우반구 측두엽은 언어 관련 청각 정보 외에 다른 청각 정보를 처리합니다. 일차원적인 의사소통을 하는 데 있어서는 좌반구의 측두엽이 주로 그 역할을 수행하지만, 은유나 직유 혹은 간접 화법같은 좀 더 복잡하고 다양한 차원의 의사소통과 대화를 이해하는 데는 우반구 측두엽이 상당히 많은 역할을 차지합니다. 그리고 말소리에 포함된 어조나 말소리의 높낮이 등 청각 정보도 이 우반구 측두엽에서 처리하기 때문에 우리가 평소에 생활하면서 사용하는 다양한 대화들은 좌반구와 우반구 측두엽의 협력이나 동조 없이는 불가능 합니다. 또한 이 측두엽은 두정엽과 반대로 남자보다 여자가 일반적으로 부피가 더 큰 것으로 알려져 있습니다. 따라서 여자가 남자보다 의사소통 능력이 좀 더 뛰어난 사람이 많습니다. 이 측두엽은 앞서 말했던 후두엽과 함께 태아기에서부터 발달하기 시작합니다. 기본적으로 보고 들을 수 없다면 생존이 불가능하게 되기 때문입니다.

전두엽

전두엽은 대뇌 피질의 앞부분-이마 부분에서 정수리 정도까지-에 해당되는 부위로 인간의 모든 사고와 행동을 계획하고 명령하여 수행하는 역할을 합니다. 전두엽은 다시 전두엽과 전전두엽으로 나뉘게 됩니다.

뇌 표면에 굵직한 위쪽 홈을 기준으로 두정엽과 전두엽으로 나뉘는데요. 이 두정엽 바로 앞쪽에 위치한 전두엽 부위는 1차 운동 영역이라고 합니다. 사람의 모든 주요한 운동이 이 1차 운동 영역과 밀접한 관련을 가집니다. 이 영역은 굵은 홈을 따라 길게 이어져 있는데, 이 영역들은 두정엽의 1차 감각 피질과 동일한 형태의 신체국소대응 지도를 가지고 있고 대응되는 신체부위를 통제합니다.

전두엽의 1차 운동영역과 앞에서 이야기 한 두정엽, 그리고 측두엽 안쪽의 변연계 이 세 영역은 조금 특별한 역할을 하는 신경세포가 분포

해 있습니다. **거울 뉴런**이라고 하는 부분은 다른 사람이 어떤 행동을 하면 그 행동을 따라 하고 싶게 하거나 그 행동을 따라 하게 만듭니다.

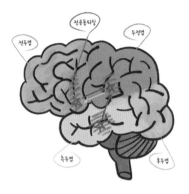

거울 뉴런의 위치

이러한 모방 성향은 거울 뉴런이 위치한 각 대뇌피질이 발달하면서 자동적으로 발생합니다. "아이 앞에서는 찬물도 못 마신다"는 속담이 뇌과학적으로도 증명이 된다고 할 수 있습니다. 아이들은 거울 뉴런이 시키는 대로 앞에 있는 어른들이 하는 행동을 본능적으로 따라하기 때문입니다. 이 거울 뉴런은 아이들이 커 가면서 타인과의 관계를 원만하게 유지하는 큰 역할을 합니다.

전전두엽

전두엽이 담당하는 기능이 많다보니 다른 대뇌피질보다 다뤄야 할 부분이 많습니다. 특히 우리 눈썹과 눈썹사이 부분에서 시작해서 이마 부분까지 해당되는 곳은 특별히 전전두엽이라고 합니다. 이 부위는 인간의 고차원적인 활동-창조적 활동, 계획수립, 추론, 주의 집중, 자기 반성, 의사 결정, 문제해결, 자아, 정서조절 등-을 담당하며 다른 뇌 영역에서 들어오는 정보들을 연합하여 다시 다른 뇌 영역으로 명령을 전달합니다.

앞서 감정과 관련된 기능을 담당하는 대뇌변연계에 대해서 이야기할 때, 전전두엽에 대해서 잠깐 얘기했었죠? 대뇌변연계가 전전두엽과 가까운 곳에 위치해 있다는 것은 바로 감정을 조절하고 통제하는 전전두엽의 역할 때문입니다. 전전두엽이 정서를 조절한다는 것을 알게 된 유명한 사례가 있습니다. 바로 철도 노동자 피니어스 게이지라는 사람으로, 1848년 이 사람은 철도 공사 현장에서 폭파 사고로 인해 쇠막대기가 머리를 관통하게 됩니다. 이 끔찍한 일에도 불구하고 다행히 이 사람은 목숨을 잃지 않고 생존했습니다. 하지만 문제는 그 이후에 발생했습니다. 원래 온화하며 인자한 성격의 피니어스는 그 사고 이후 갑자기 난폭해졌고 도둑질도 하고, 술을 마시고, 화를 참지 못하며 부인과 자녀들을 때리는 폭력적인 사람이 됐습니다. 그 후 그의 뇌를 살펴본 결과, 피니어스 게이지의 전전두엽 부위가 손상됐다는 것이 확인됐습니다.

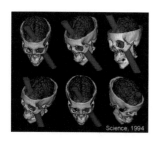 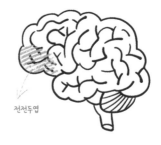

손상된 피니어스 게이지의 뇌를 3차원 영상으로 재현한 것(좌),
피니어스 게이지의 손상된 영역으로 보이는 전전두엽(우)

전전두엽은 아이의 두뇌발달에서 마지막 시기에 이루어지는데 비해, 대뇌변연계는 태어날 때부터 어느 정도 완성되어 있기 때문에 아이는 자신의 감정을 여과없이 표현하고, 상황에 따라서 자신의 감정을 조절하고 억누르는 데에는 미성숙한 면이 많이 있습니다. 이러한 특성들을 잘 이해하면 아이의 서투른 감정 표현과 이 때문에 벌어지는 일들에 좀 더 능동적이고 유연하게 대처할 수 있게 될 것입니다.

측두엽과 근접한 거리에 있는 좌반구의 전두엽은 **브로카** 영역이라고 불립니다. 이 브로카 영역은 측두엽의 언어 담당 영역인 베르니케 영역과 같이 좌반구에만 있습니다. 브로카 영역은 전두엽 위쪽에 있는 1차 운동영역과 함께 말하는 기능을 담당합니다.

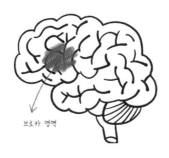

언어의 말하는 기능을 주로 담당하는 브로카 영역

이 영역을 발견하게 된 계기 역시 베르니케 영역과 비슷합니다. 말을 이해할 수는 있지만 "Tan…Tan…"이라는 말 밖에 하지 못했던 환자의 뇌를 죽은 뒤 해부했더니 이 부분의 뇌가 손상되어 있는 것을 발견했던 것입니다. 이 영역을 발견한 폴 브로카의 이름을 따서 이 부분을 브로카 영역이라고 합니다.

하나도 놓치면 안돼요!!

이제까지 대략적인 뇌의 구조와 그 기능에 대해서 살펴봤습니다. 여러 영역으로 나뉘어진 인간의 뇌는 주로 담당하는 기능이 다르지만, 서로 정보를 교환하면서 작동합니다. 그렇기 때문에 어느 한 영역이 손상된다고 어느 한 기능만 떨어지거나 특정한 한 개의 일만 못한다고 생각하면 안 됩니다. 오히려 한 영역이 손상되면서 뇌가 서로 정보를 교환하는 통로가 막혀서 전체의 뇌가 제대로 작동하지 않을 가능성이 커지게 되는 것입니다.

사회적으로도, 가정적으로도 누구보다 좋은 가장이었던 한 30대 남자가 뇌종양 절제 수술을 받은 후 180도 다른 사람으로 변했습니다. 누군가가 도와주지 않으면 외출도 할 수 없고, 회사에서도 일의 우선 순위를 몰라서 갈팡질팡하고, 일을 한 번 시작하면 마무리까지 하지 못해서 결국 해고를 당했습니다. 그 뒤, 그 사람은 주위 사람들의 부정 적인 의견과 만류에도 부정적인 평판의 사람과 불법적인 사업을 벌인 후 파산을 하게 되고 맙니다. 너무도 달라진 모습과 나아지지 않는 모습에 실망한 그의 가족들은 그를 모두 떠났습니다. 결국엔 그의 형제들이 그를 데리고 다시 병원을 찾아가게 됐습니다.

여기까지의 이야기를 보고, 각 뇌의 역할과 기능에 대해서 읽어 봤다면 이 사람은 뇌 종양 절제술 이후에 이성적인 판단을 하는 영역을 담당하는 전두엽 혹은 전전두엽에 문제가 생긴 것이라고 생각할 수 있습니다. 그리고 그 주위에 있는 사람들도 대부분 그렇게 생각을 했습니다. 그러나 검사 결과는 우리의 예상과 전혀 달랐습니다. 검사를 하는 도중에 그는

논리적으로 생각하고 자신의 의견을 조리있게 얘기했고, 지적 능력 또한 전혀 문제가 없는 것으로 드러났습니다. 오히려 그의 모든 변화된 행동의 원인은 뇌 종양 절제 수술로 인한 대뇌변연계 손상으로 밝혀졌습니다. 대뇌변연계는 감정을 유발하는 역할을 합니다. 그래서 슬픔이나 고통, 공포를 느끼기도 하고 행복과 기쁨을 느끼게 됩니다. 이러한 대뇌변연계에 손상을 입은 그 남자는 감정적인 변화를 보이지 않았고, 전두엽이나 전전두엽에 아무런 이상이 없는 상태에서도 자신이 도움이 되어 기쁘다거나 주위 사람들을 힘들게 할 것이라는 감정의 공유도 없었고, 자신에게 닥칠 위험이나 그로 인한 고통이나 불행 같은 것을 전혀 느끼지 못하기 때문에 그런 비정상적이고 비상식적인 행동을 서슴없이 했던 것입니다.

어떤 사람은 인간의 고위 인지기능을 담당하는 전두엽을 활성화 시키고 발달시켜야 한다고 강조하지만, 다른 영역의 뇌가 제 기능을 하지 못하면 위 사례의 남자처럼 그것이야말로 아무 소용이 없는 일입니다. 가장 미세한 뇌 혈관 하나가 출혈되거나 터지는 것만으로 일상생활을 못하게 되는 뇌출혈 환자나 치매를 앓고 있는 뇌손상 환자들을 생각해 보면 이해가 더 쉽게 되지 않을까요? 뇌는 각 영역이 두드러지게 발달하는 시기가 있긴 하지만 전반적으로 오랜 시간에 걸쳐서 발달되고 완성되기 때문에, 아이들이 자라면서 다양한 경험들을 하게 해줌으로써 전체적으로 뇌를 자극시키는 것이 중요합니다.

그렇다면 이렇게 전체적이고 역동적으로 변화하는 뇌와 함께 성장하는 아이들을 어떻게 올바르게 양육할 수 있을까요? 다음 장에서는 아이의 뇌발달과 인지 발달에 따라 나타나는 여러가지 현상들을 살펴보겠습니다.

2. 아이의 뇌와 인지 발달

아이는 안팎으로 성장 중
– 육체적 성장 못지 않게 역동적인 아이의 뇌 성장과 인지발달

태어난 지 얼마 되지 않아 누가 가르쳐 주지도 않았는데 엄마 젖을 먹기 위해 한 걸음씩 발을 떼는 귀여운 포유류 새끼들을 TV를 통해서 본 경험이 있을 겁니다. 시간이 조금 지나면 새끼 포유류들은 금새 어미와 함께, 혹은 혼자서 특별한 도움이 없어도 걷거나 뛰거나 먹이를 찾아서 먹는 일상 생활이 가능합니다. 그렇지만 인간은 다른 포유류와 다릅니다. 아기는 태어나서 걷기는 커녕 자신의 머리도 제대로 가누지 못할 정도로 힘 없고 약한 상태로 태어납니다. 똑같은 포유류인데도, 다른 포유류와 인간은 왜 이렇게 다를까요? 이런 포유류와 아기의 차이는 어디에서 오는 걸까요?

그것은 바로 뇌 완성도의 차이입니다. 포유류 간 약간의 차이는 있겠지만 대부분의 포유류는 태어나면서 이미 70~80% 정도 뇌 기능이 완성된 채로 태어납니다. 그래서 출생 이후 극적인 성장이 이루어지지 않죠. 모든 생명체 중 유일하게

인간만이 뇌 기능의 20%만 완성된 채 세상에 나옵니다. 그렇기 때문에 인간은 출생 이후 많은 사람들, 특히 주양육자 (대부분의 경우 부모)의 도움없이는 일상 생활마저 불가능합니다. 뇌 발달에 따른 각각의 기능들이 완성되지 않은 채 태어나기 때문입니다. 그렇기 때문에 아기는 주양육자와 자신을 둘러싼 환경들을 새롭게 접하고 그 환경에 적응하면서 발달합니다. 그리고 그 발달 양상은 눈에 보이는 것 뿐만 아니라 눈에 보이지 않는 20%밖에 완성되지 않은 뇌에서도 일어납니다. 정확히 말하면, 외부 환경과 자극에 영향을 받은 뇌의 발달과 함께 아이의 인지 발달 및 행동 발달이 일어난다고 하는 편이 더 맞을 것 같습니다. 그래서 인간의 뇌는 태어나는 것이 아니라 만들어진다고 합니다. 앞으로 살펴보게 되겠지만 뇌의 발달 과정에 있어서 아이는 그만큼 주변 환경과 자극, 인물들에 영향을 많이 받습니다. 그렇기 때문에 뇌의 발달 과정에 따른 아이의 인지 발달 단계 및 과정을 올바르게 이해하고, 각 단계에 따라 적절한 양육을 하는 것이 아이의 건강한 성장과 발달을 위해서 중요합니다. 눈에 보이는 현상만을 가지고 임기응변식의 양육을 하다 보면 양육자도 쉽게 지치고, 아이를 훈육하거나 양육하는 것이 그다지 효율적이지 못한 일이 될 수도 있습니다.

앞에서 우리는 아이가 출생하기 전에 뇌의 20%만 완성된다고 얘기했습니다. 이 말을 다시 바꿔서 이야기해보면, 아이의 뇌는 출생 전 엄마의 뱃속에 있을 때에도 20%까지 발달된다는 뜻입니다. 아이의 뇌가 발달하고 있으니, 엄마의 뱃속에서부터 아이의 인지 발달은 이루어진다고 봐야겠죠? 뇌발달에 맞춘 육아를 하기 위해선 뇌 발달의 시작부터 알아보는 게 좋을 것 같습니다. 다음은 아기의 수정이후부터 만 6세까지 뇌 발달의 단계 및 양상과 이 시기에 주로 관찰되는 아이들의 모습을 살펴보겠습니다.

태아기(수정 후~출생)의 뇌 발달

뇌 발달은 수정 후 바로 시작됩니다(Ratey, 2001). 수정 후 태아의 뇌에서는 1주에서 1개월 동안 분당 250,000개 정도의 엄청난 많은 뉴런이 생성됩니다. 이 때부터 대뇌에서는 신체의 오른쪽이나 왼쪽 중 한 쪽을 더 선호해서 사용하는 **대뇌 편재화**lateralization가 시작되는데, 태아들 중 60%정도는 자궁 안에서 오른쪽 귀를 바깥쪽으로 향한 채 자리잡는 모습을 보여줍니다. 뇌의 영역과 기능에 대해서 이야기할 때, 언어 능력만 다른 뇌의 기능들과 달리 좌반구와 우반구의 역할이 확실히 다르다는 것과 대뇌의 좌반구, 우반구는 각각 신체의 서로 다른 부분을 통제한다는 것을 얘기했습니다. 언어 기능은 좌반구에 좀 더 집중되어 있고, 좌반구가 오른쪽을 통제한다는 것을 생각해 보면, 태아가 오른쪽 귀를 바깥쪽으로 향하는 것은 오른쪽 귀가 외부로부터 들어오는 언어적 청각 자극을 받아들이는 것을 더 쉽게 하기 위해서라고 생각하시면 됩니다. 즉, 언어 처리에 있어서 좌반구의 전문화가 이때부터 진행되고 있다는 것입니다. 그래서 대부분의 신생아는 등을 대고 눕는 모습을 보면 오른손잡이인지 왼손잡이인지 어느 정도 구별을 할 수 있다고 합니다. 오른쪽으로 돌아눕는 모습이 더 많이 보인다면 그 신생아는 주로 오른손으로 물건을 잡으려는 오른손잡이의 경향을 가지고 있다는 겁니다. 즉 오른쪽을 더 많이 사용하려고 하는 대뇌 편재화가 출생 전에 이루어지고 있다는 증거가 되겠습니다.

태아기 뇌의 발달 단계는 전반기, 중반기, 후반기로 나눠집니다. 전반기는 수정 후부터 임신 4개월까지를 이야기합니다. 수정 후 5주부터

20주 사이에 1초당 5만 개에서 10만 개의 새로운 뇌세포인 뉴런이 만들어지고, 대뇌 피질이 두꺼워지면서 주름이 잡히면 뉴런은 뇌의 여러 부위로 이동하면서 자신이 맡은 기능을 수행할 준비를 합니다. 뉴런이 이동하는 과정에서 어떤 작은 요인이라도 뉴런의 이동을 방해하면 그 영향이 치명적일 수 있습니다. 6주 부터는 태아의 뇌에 혈액이 공급됩니다. 이것은 태아의 뇌가 이때부터 활동을 하고 있다는 것이고, 활동하는 만큼 에너지를 필요로 한다는 것입니다. 태아의 뇌세포는 임신 2개월부터 빠르게 성장해 3개월 말기나 4개월쯤에 대부분 완성됩니다. 감정을 담당하는 대뇌변연계는 출생 때 이미 완성되어 태어나기 때문에 태아기 전반기부터 태아는 외부에서 들어오는 자극에 대한 쾌감, 불쾌감, 불안, 초조 등 기본적인 감정을 느낄 수 있습니다. 대체로 임신 4개월 동안 약 2,000억 개의 뉴런들이 만들어지지만, 이렇게 만들어진 뉴런은 시냅스를 통해 서로 연결되지 않으면 사라지기 때문에 시냅스를 통한 뉴런 간 연결이 더 중요하다고 할 수 있습니다.

중반기는 임신 5개월에서 7개월까지의 기간을 말합니다. 6개월 이후부터는 전반기에 이동했던 뉴런들이 자리를 잡기 시작하여 자기 역할을 수행하기 시작하기 때문에 뇌세포가 조직화되어 시각, 청각, 미각, 촉각, 후각의 기본적인 감각을 느낄 수 있습니다. 물론 양수 때문에 보통 성인이 느끼는 감각을 그대로 느끼는 데는 한계가 있지만, 청각은 6개월, 미각과 후각은 7개월 정도면 태아는 엄마가 느끼는 미각과 후각을 그대로 받아들이고, 느낄 수 있습니다. 청각이 뚜렷해져 엄마의 목소리를 기억할 수 있고, 음악의 박자에 맞춰 심박동이 움직이기도 합니다. 신생아에게 태내에서 들은 소리를 녹음한 것을 들려주면 조용히 잠든다고 하는데, 바로 태내에서부터 태아가 청각 기능을 이미 가지고 있다는 것을 의미하는 것입니다. 또한 태아는 단맛, 쓴맛을 정확하게 구분할 수 있을 정도로 미각을 발달시키며, 엄마가 느끼는 감정을 그대로 받아들이기 때문에 엄마가 느끼는 스트레스까지도 그대로 전달받게 됩니다. 임신 7개월경이면 태아는 몸의 기능을 조절할 수 있으며, 시신경이 완성되므로 눈을 뜨고 있기도 하고, 눈동자를 움직이기도 하며, 밝고 어두운 명암을 느낄 수 있습니다. 임신 7개월 이후 태아의 신경세포는 신경세포 사이의 연결고리인 시냅스를 만드는 경쟁을 시작하고 외부 자극의 유무에 따라 외부의 자극과 무관한 뉴런들은 가지치기하면서 오감과 사지의 운동 감각 및 기능을 다듬어 갑니다. 뉴런은 더 이상 만들어지지 않고 뉴런과 뉴런을 이어주는 시냅스의 연결이 활발해집니다.

임신 7개월부터 출생까지 기간을 후반기라고 합니다. 이 때 태아의 뇌에서는 매일 5천 내지 6천만 개 정도의 뇌세포가 만들어져 출생 시에는 이미 성인의 뇌세포와 같은 1,000억개 정도를 갖고 있습니다. 한편 외부 자극과 환경에 따라 뇌세포 사이를 연결해 주는 시냅스가 계속해서 형성되면서 뇌의 영역별 기능을 담당하려는 준비 단계가 시작됩니다.

전체적으로 태아의 뇌 발달을 정리해보자면, 뇌간, 대뇌변연계, 대뇌피질의 순서로 안쪽에서 바깥쪽으로 마치 층을 쌓아가는 것처럼 발달한다는 것을 알 수 있습니다. 이와 같이 수정 후부터 태내에서 뇌발달이 이미 이루어지고 있다는 사실은 아주 중요합니다. 그것은 아이의 적절한 두뇌 발달과 인지 발달, 그리고 양육을 위해서는 출생 이전부터 임산부와 그를 둘러싼 환경이 아주 중요하다는 것을 의미하기 때문입니다. 그렇기 때문에 뇌 발달 단계에 비춰서 생각해 볼 때에도 임산부의 태교는 아주 중요합니다.

영아기(출생 후~ 생후 3년)의 뇌 발달

본격적인 뇌 발달의 시작 – 시냅스 연결

태내에서 이미 시작된 뇌 발달은 출생 후에 본격적으로 진행됩니다. 아이는 태내에서 이미 1,000억 개의 뉴런과 50조 이상의 시냅스를 가지고 있기 때문에 출생 시에는 이미 성인 수준의 엄청나게 많은 뉴런을 가지고 태어납니다. 그런데도 왜 사람은 출생 이후 뇌가 20%정도 밖에 완성되지 않았다고 하는 것일까요? 왜 아기는 사람의 도움이 없이 생존할 수 없는 정도로 연약하고 힘이 없는 존재라는 걸까요? 그것은 뉴런과 뉴런 사이를 연결하는 시냅스가 너무 약하고 그 숫자도 너무나 적기 때문입니다. 사실 뇌 발달은 신경 세포인 뉴런의 갯수보다 뉴런 사이의 신호를 주고 받는 것을 가능하게 하는 시냅스의 연결이 더 중요합니다. 태아기 전반기에 생기기 시작한 2,000억개의 뉴런들은 태아기 중반기에 시각, 청각, 미각, 촉각, 후각의 기본적인 감각을 느낄 수 있게 만들고, 그러면서 외부 자극을 받아들이고 그에 반응하며 뉴런과 뉴런 사이의 시냅스를 생성해가게 됩니다. 그러나 앞서 이야기 한 것처럼, 양수로 인해 외부 자극 자체가 강렬하거나 정확하지 않기 때문에 뉴런 사이의 연결고리인 시냅스의 연결도 그다지 강하지 않습니다. 출생 후에야 직접적이고 정확하면서 다양한 자극들이 들어오기 때문에 이 때부터 새로운 시냅스의 연결이 생기거나, 약한 시냅스의 연결들이 강해지기도 하며 시냅스 성장이 극적으로 일어나는 것입니다.

그러나 이런 뉴런과 시냅스는 그 수가 증가하지 않고 오히려 시간이 지남에 따라서 감소합니다. 한 연구에서는 시냅스는 생후 2년 유아기 때 전체 시냅스의 40%가 제거되고, 생후 10년 안에 그 양이 계속 줄어든다고 발표했습니다. 왜 그럴까요? 이것은 시냅스가 아이의 출생 이후에 **가지치기**라고 하는 과정을 거치기 때문입니다. 가지치기는 생후 초기 몇 달 동안 엄청나게 증가된 시냅스 중 불필요하다고 생각되는 부분들을 없애는 과정입니다. 출생 직후 아이의 뇌에서는 보호자의 도움으로 낯선 환경에 적응하고 생존해 가는 법을 배울 수 있도록 가능한 한 많은 시냅스가 생성되고 한동안 그대로 유지됩니다. 그러나 지속적인 경험이 제공되지 않아서 더 이상 사용되지 않는 시냅스들은 가지치기 과정을 통해 사라지면서 뇌의 구조와 기능이 갖춰지기 시작합니다. 아기가 스스로 움직일 수도 없고 생존할 수도 없는 연약한 존재로 보이는 동안에도 다양한 각종 정보와 자극을 경험하고 그것을 통해 세포망을 견고하고 넓게 연결시키는 엄청난 일이 아이의 뇌 속에서는 일어나고 있는 것입니다. 이런 시냅스 연결은 영아기 시기를 거치고 난 후 뇌에 입력되는 각종 정보와 지식을 더 잘 습득하고 학습하게 만들어 줍니다.

이러한 시냅스 연결은 뇌의 가장 큰 특징 중의 하나인 가소성과 연관 있습니다. **가소성**이란 경험에 의해서 변화될 수 있고 외부 자극에 따라 특정 기능이 유동적으로 약화될 수도 있고 강화될 수도 있다는 뜻으로 뇌의 이러한 유동적인 변화는 시냅스 연결의 강도에 따라 달라집니다. 인간 뇌의 가소성은 평생에 걸쳐 가지고 있는 특징이기는 하지만 일반적으로 생애 초기인 영아기에 가장 크게 나타났다가 뇌 발달이 거의 완성되어 가는 사춘기시기 쯤까지 유지되고 그 이후 점점 그 특성이 약화됩니다. 어렸을 때는 뭐든지 쉽게 배우다가 나이가 들수록 배우는 것이 어려워지는 것은 바로 이런 뇌의 가소성이 약화되기 때문입니다.

감각피질의 발달 - 기초 공사

시냅스 연결과 더불어 영아기에는 대뇌 피질 부위가 전체적으로 발달하기 시작하는데, 그 순서는 아이가 커가면서 볼 수 있는 여러 가지 다양한 활동 및 능력의 순서와 많이 일치합니다. 생후 3~4개월부터 청각 피질과 시각 피질에 있는 시냅스가 엄청나게 성장하기 시작하여 12개월까지 계속됩니다. 아마도 자신을 돌봐주는 양육자의 얼굴과 목소리를 인식하는 것이 아이에게는 가장 중요한 일이기 때문에 이 청각과 시각 발달이 가장 먼저 일어나는 게 아닐까 합니다. 자연스레 이 때 청각과 시각 발달이 엄청나게 진행되는데, 특히 출생 후 1년 내에는 언어 발달의 기반이 되는 모국어의 소리를 분별할 수 있는 능력이 생기고, 다른 사람들과의 의사소통에도 흥미를 갖기 시작합니다. 출생 후 6~8개월 사이에는 전두엽과 후두엽이 함께 발달하기 시작하면서 아기는 자주 접하는 시각 정보를 기억해 내기 시작하기 때문에 이 때부터 낯을 가리기 시작합니다. 기억력이 발달하게 되는 것입니다. 이 기억력 증진은 사회성 발달과 인지 발달에 필요한 과정입니다. 또 두정엽과 가까이 위치한 전두엽의 대뇌피질 1차 운동 영역이 영아가 자신의 행동 대부분을 조정할 수 있을 정도로 발달됩니다.

운동피질의 발달

영아기 때 어느 정도 대뇌 피질을 발달시킨 아이는 출생 후 12개월 부터 걸을 수 있게 됩니다. 누워있으면서도 여러 가지 작은 동작들을 통해 감각피질과 운동피질을 발달시킨 아이는 걸을 수 있게 되면서 이곳저곳을 돌아다니게 되고 소리를 듣거나 냄새를 맡고 물건들을 만지고 맛을 보는 것과 같은 다양한 활동들을 하면서 이전보다 더 많은 시냅스를 형성시키고 강화시킵니다. 이렇게 대뇌피질은 출생 후 12개월 즈음에 어느 정도 발달합니다. 전체적으로 발달한 대뇌 피질은 아이들의기본적인 활동을 활발하게 만듭니다. 그래서 이 시기에 아이들은 잠시도 가만히 있지 않고 움직입니다. 이 때 아이들의 뇌는 아이들의 활동량과 비례하여 뇌 회로를 변화시킵니다. 생후 첫 1년간 뇌 발달이 급속하게 진행되는 것입니다. 다음의 PET-CT 사진은 출생 후 5일, 2개월, 1년, 28년을 주기로 뇌가 왕성하게 활동하고 있는 영역들을 표시한 사진입니다. 사진처럼 출생 후 5일 된 뇌와 출생 후 1년 되었을 때의 뇌 활동의 차이가 28년이 지났을 때의 뇌의 차이보다 훨씬 더 큽니다. 바로 출생 후 1년동안 영아가 끊임없이 움직이고 다양한 경험들을 하면서 얻는 자극들이 실제 뇌를 변화시킨 것으로 볼 수 있겠습니다.

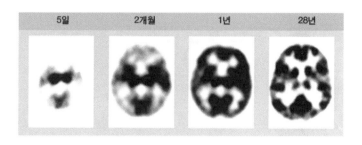

생후 1년간 뇌 발달 과정

시냅스의 연결

전체적인 대뇌 피질의 발달이 어느 단계까지 도달해서 본능, 감각, 감정 등의 기본적인 발달 및 운동 발달이 이루어진 후 아이의 뇌에서는 감각운동 영역의 발달 및 성숙이 활발히 진행됩니다. 그 이후 공간 지각과 언어 능력을 담당하는 두정엽과 측두엽의 성숙이 두드러지게 일어나면서 인간의 고위 인지 기능과 연관된 뇌 발달 및 성숙을 시작합니다. 즉, 운동 기능 통제, 집중, 이해, 감정 조절, 언어 형성 능력을 위한 뇌 신경세포의 시냅스들이 연결되는, 뇌의 회로 생성에 가장 민감한 시기입니다. 2세 무렵 아이 뇌의 시냅스 수는 성인과 비슷한 수치이고, 3세 무렵 아이의 두뇌에는 1,000조 개의 시냅스가 존재합니다. 이 시냅스의 갯수는 영아기가 끝나는 시기인 7년간 안정된 상태를 유지하는데, 이 때

유아들의 모든 경험과 학습은 뇌의 신경구조를 변화시키고 그 흔적을 남깁니다. 그리고 그 다양한 경험들이 반복된다면 그 경험과 관련된 시냅스가 반복적으로 활성화되면서 그 상태를 유지하게 되는 것입니다.

결정적 시기 - 뇌 가소성의 최고조 기간

앞서 이야기했던 뇌의 가소성은 다양한 환경 자극에 반응하여 뇌가 변화하는 특징으로 생후 2~3년간 가장 두드러지게 드러나는 능력입니다. 따라서 이 시기에 적절한 외부의 환경 자극을 받지 못하면 아이의 뇌 발달과 더불어 인지 발달, 더 나아가서는 사회성 발달이 약화되거나 발달 과정이 지체됩니다. 이것은 앞으로의 학습과 발달에 더 큰 영향을 주는 시기이기 때문에 이 시기를 **뇌발달의 민감기, 혹은 결정적 시기**critical period라고 부릅니다. 그래서 아무런 문제 없이 태어난 아이라 할지라도 생후 3년까지 외부로부터 시각 자극을 받지 못하면 영원히 앞을 보지 못하고, 열세 살까지 아무런 언어자극을 듣지 못하면 그 아이는 언어를 배우지 못할 가능성이 굉장히 큽니다. 대부분의 학자들이 동의하는 3세까지 이 결정적 시기에는 뇌 발달이 75%이상 이루어집니다. 출생 이전부터 갖춰진 기본적인 생명유지 활동-호흡, 혈압, 심장박동-을 제외한 모든 지적 활동-지각, 학습, 언어, 계산 능력-과 기쁨, 슬픔, 분노와 같은 감정 및 정서 발달, 각 신체의 여러 부위를 연합하고 조직하여 움직이는 신체 협응력 및 활동 등 인간 생활에 필요한 전반적인 활동을 담당하는 대뇌의 기본회로가 이 결정적 시기에 완성됩니다. 이 시기에 적합한 경험이나 자극이 입력되지 않으면 뇌 과학적 측면에서 기본적으로 알려진 각 뇌의 영역과 기능들의 연관성은 더 이상 존재하지 않게 됩니다. 그와 연관된 시냅스가 약화되다가 결국엔 사라지게 되어 뇌세포가 잘려나가는 것과 마찬가지이기 때문입니다. 대신, 우리가 기본적으로 알고 있는 기능과 뇌 영역과는 전혀 다른 뇌 회로가 생성됩니다. 선천적 시각 장애인의 경우, 출생 후부터 결정적 시기인 3세까지 시각 자극이 전혀 들어오지 않습니다. 그래서 시각정보를 처리할 수 있는 능력도 자연스럽게 생기지 않게 됩니다. 시각 정보를 받아들여서 처리할 수 있는 시냅스의 연결 자체가 생성되지 않는 것입니다. 일반적으로 후두엽이라고 불리는 대뇌피질의 뒷부분에서 외부로부터 들어오는 시각 자극을 처리하는데, 시각 장애인의 경우는 후두엽이 시각 자극을 처리하는 대신 다른 감각기관(청각, 촉각, 미각 등)정보를 처리하는 것으로 그 기능을 대신하게 됩니다. 결국 시각을 처리하는 뇌 기능이 사라지게 되면서 선천성 시각 장애인들은 후에 시력을 회복한다 하더라도 시각 정보를 처리할 수 없거나 처리하는 데 많은 시간과 노력이 필요하게 되는 것입니다.

전두엽의 성숙

결정적 시기에 포함되는 2세부터 그 이후인 4세 경까지 아이들은 감성과 계획, 사고를 담당하는 전두엽의 발달을 성숙시키기 시작합니다. 이 때 전두엽의 활동이 매우 활발해지게 됩니다. 전두엽의 활동이 활발해진다는 것은 전두엽 내에서의 시냅스 연결 및 전두엽과 다른 뇌 영역과의 시냅스 연결이 많아지고 강해지기도 하면서 외부와의 상호작용을 통해서 시냅스 연결을 다듬는 과정으로, 전두엽 영역이 성숙된다는 뜻입니다. 그러한 과정을 통해 아이는 점차 하나의 인격체로 성장해 가는 것입니다. 0세부터 3세까지가 결정적 시기라고는 하지만, 전두엽의 성숙과 발달은 결정적 시기를 지난 후까지 지속됨으로써 생각하고 계획하는 행위는 완성되지 않고 유연한 상태로 평생 유지됩니다. 뇌의 가소성이 영유아기 때 활발한 상태가 되었다가 사춘기 이후에 정체되지만 없어지는 것은 아니기 때문입니다. 이렇게 뇌는 평생에 걸쳐 인간의 고위인지 기능 및 자아를 변화시킬 수 있는 능력을 갖게 됩니다. 물론 시간이 걸리고 좀 더 많은 반복과 훈련을 통해서 학습이 가능해지는 어려움이 있지만 말입니다. 전두엽의 발달은 4세 이후에 측두엽과 근접해 있는 좌반구 전두엽의 언어 영역인 브로카Broca 영역의 발달도 포함시킵니다. 뇌의 기능을 설명할 때 말씀드렸던 이 브로카 영역은 말하는 기능을 담당합니다. 이런 전반적인 전두엽의 발달로 유아는 말을 할 수 있게 됩니다. 따라서 4세 이후에서야 비로소 유아는 하지 말라는 말을 듣고서 이해하게 되고, 자기가 무척 하고 싶었던 행동을 조금씩 억제하려고 하기도 합니다. 그리고 부모와 유아 사이의 대화도 좀 더 의미 있게 됩니다. 이와 함께 사태를 전체적으로 바라볼 수 있고 리듬이나 동작 그리고 정서를 담당하는 우반구도 같이 발달합니다.

유아기(생후 3년 ~ 생후 6년)의 뇌 발달

출생 직후부터 연결되기 시작한 대뇌피질과 소뇌 사이의 시냅스들은 4세 무렵 그 연결 과정이 마무리 됩니다. 소뇌가 몸의 동작을 하기 위해 필요한 많은 일들(몸의 균형 유지, 근육의 수축과 이완, 반사 신경)을 처리하고 있고, 이 보조적인 역할이 제대로 작동해야만 미세한 움직임이 가능하기 때문에 아이는 이 때부터 가위질, 그네타기, 종이접기, 율동 등을 할 수 있게 됩니다. 그리고 절차적 기억에 의존해서 체계적인 동작으로 공을 던지거나 자전거를 탈 수 있게 됩니다.

사회적 자아로의 발달 시작

대뇌 피질과 그 기능에 대해서 설명하면서 좌반구와 우반구를 연결하는 뇌량에 대해서 언급한 적이 있는 걸 기억하시나요? 이 뇌량은 좌반구와 우반구를 연결하는 커다란 신경섬유 다발입니다. 물리적으로 좌반구와 우반구를 연결시켜 줄 뿐만 아니라 각 반구가 담당하고 처리하는 정보를 교환시켜주는 통로 역할도 하는 이 뇌량은 5세 정도에 발달하기 시작합니다. 이 때부터 아이는 좌반구와 우반구의 정보 교류를 요구하는 과제를 능숙하게 할 수 있게 됩니다.

참고 23p

6세 무렵에는 측두엽이 발달하기 시작하면서 청각 자극 및 신호들을 좀 더 정교하게 처리할 수 있게 됩니다. 의사소통 역시 좀 더 발달하게 돼서 좀 더 고차원적인 의사소통이 가능하게 됩니다. 이렇게 6세까지 이루어지는 대뇌피질의 발달로 아이는 생활에 필요한 기본적인 활동들이 가능할 뿐 아니라 타인의 말을 이해하고 자신의 생각을 표현할 수 있게 되고 더 나아가 타인의 기분이나 감정까지도 이해하게 됩니다. 그에 따라 자신의 감정을 조절하거나 타인의 마음을 이해하고 위로하는 사회적 자아로서의 모습도 갖춰나가기 시작합니다. 주체적이고 능동적으로 활동할 수 있는 개인으로 성장할 수 있는 토대가 형성되는 것입니다.

이렇게 태아기 때부터 시작된 뇌 발달은 0세~3세 사이의 결정적 시기를 거쳐 6세까지 전반적인 대뇌피질의 발달까지 이어집니다. 일반적으로 전체적인 뇌 발달은 뇌의 뒤쪽인 후두엽부터 앞쪽인 전두엽쪽으로 크게는 뒤에서 앞으로 그 발달 순서가 정해져 있습니다.

뇌 발달의 대략적인 순서

이러한 발달 순서는 우리가 평소에 정보를 처리하는 방향과 비슷합니다. 현재 여러분들이 이 책을 읽고 있는 과정을 예로 들어 생각해 본다면, "글자"라는 시각 정보들이 후두엽을 통해 들어오고 난 뒤, 측두엽이나 두정엽을 통해 통합되어 전두엽에서 이 정보를 총체적으로 평가하고 판단하게 되는 것입니다. 이렇게 발달된 뇌는 평생에 걸쳐 외부의 환경과 요인에 의해 변화될 수 있는 유연한 상태로 남게 됩니다.

여기까지만 보면 "뭐야, 결국 뇌 발달은 끝나는게 아니고 평생에 걸쳐 이루어지는 거 아니야? 그럼 아이일 때의 뇌 발달이 정말 그렇게 중요한가?"라고 생각하시는 분도 계실 수 있습니다. 어떤 면에서 보면 그것 또한 틀린 말은 아닙니다. 인간의 뇌는 평생에 걸쳐 뇌의 기능과 정보 교류의 패턴들이 변화될 수 있도록 만들어져 있습니다. 그렇기 때문에 인간은 끊임없이 새로운 경험을 하고 배우고 느끼면서 지식을 쌓아가고 좀 더 성숙하고 지적있는 인격체로 계속해서 성장해 갈 수 있는 존재인 것입니다. 그러나 그 어떤 시기보다 태아기, 영유아기의 뇌 발달이 중요한 이유는 신경이 다듬어지는 시기이면서 동시에 한 인간으로서의 능력과 특성 그리고 재능과 반응 등 앞으로 성장해 갈 수 있는 정신적 토대가 만들어지는 시기이기 때문입니다. 또한 아이는 출생 후 혼자 힘으로 생존할 수 없는 존재이기 때문에 양육자와 보호자의 도움이 절대적으로 필요합니다. 이것은 한 개인이 독립적이고 성숙한 인격체로 성장하기 위한 뇌 발달에도 양육자의 도움이 절대적으로 필요하다는 이야기이기도 합니다.

영유아기의 가장 큰 특징은 시냅스의 연결이 필요 이상으로 과다하게 증가된다는 것입니다. 즉, 자신을 주체하기가 어렵고 모든 정보를 흡수하기만 하는 엄청나게 산만한 상태가 된다는 것입니다. 그러나 이러한 과도한 시냅스의 연결이 외부의 자극과 경험을 통해서 특정한 방향으로 다듬어지는 과정 또한 이 시기이기 때문에 한 아이가 어떤 방향으로든지 다듬어질 수 있는 가능성이 가장 큰 시기이기도 합니다.

이 시기에 영유아들이 겪는 경험과 감정들은 그 횟수와 강도에 따라 각자 고유한 뉴런의 세포망을 만들어 가는데 사용됩니다. 아이를 둘러싼 환경은 물리적, 시간적으로 제한되어 있고, 그 환경은 아이들의 보호자인 양육자로부터 형성되는 경우가 많습니다. 그렇기 때문에 주 양육자가 제공해 주는 환경과 경험들이 한 아이의 모든 것을 결정지을 수 있는 중요한 시기가 될 수도 있습니다. 이 시기에 학습하고 경험한 모든 것들은 거기에서 그냥 끝나는 것이 아니라, 다음 단계를 학습할 수 있는 기반이 되고, 다른 무엇인가를 배울 수 있도록 쉽게 변화되는 토대를 제공하는 것입니다.

외부 환경과 상호작용의 중요성

한 청각장애인 부부가 아이를 낳았습니다. 다행히 그 아이는 출생 당시에 별 이상이나 장애가 없었습니다. 청각장애인이라 듣고 말하기가 불가능했던 부부는 아이에게 말을 들려주기 위해서 아이가 있는 곳에서 하루 종일 뉴스 위주의 TV를 틀어놨다고 합니다. 비록 자신들이 말을 할수는 없지만 TV를 통해 들려오는 언어 자극으로 아이가 말을 듣고, 언어를 배우게 돼서 말을 할 수 있게 될 거라고 생각한 겁니다. 과연 그 아이는 부부의 바램대로 정상적인 아이로 성장했을까요?

안타깝게도 출생 직후에 비장애인이었던 아이는 또래 아이들에 비해서 언어 발달이 매우 늦었고, 결국 언어발달 장애현상을 보이게 됐습니다. 그 이유는 무엇일까요? TV를 통해 말소리를 충분히 들려 주었는데도 왜 그 아이는 말을 할 수 없게 되었던 걸까요? 출생 전 부터 부모로부터 유전되어 온 장애 유전자가 출생 후 뒤늦게 발견된 것일까요?

그 이유는 바로 아이에게 주어진 말소리라는 외부자극이 오직 TV를 통해서 나오는 소리였다는 데에 있습니다. 출생 직후부터 성인들이 접하는 뉴스를 말소리 자극으로 받아들였던 아이는 그 소리 자체를 언어자극으로 인식할 수 없었던 데다가 외부와의 상호작용을 통해서 자신의 시냅스의 연결을 강화시키거나 제거해야 하는데 TV를 통해서는 언어 자극과 관련된 상호 작용이 불가능했기 때문입니다.

위의 이야기처럼 아이에게는 각 단계에 필요한 적절한 자극과 경험이 주어져야 합니다. 그 단계보다 더 낮지도 너무 높지도 않은 **그 시기에 필요한 자극과 경험, 그리고 환경과 상호 작용**이 굉장히 중요합니다. 그렇지 않을 경우 위의 이야기처럼 다음 학습 단계에 진입할 수 없거나 발달 자체가 불가능하게 되는 비극적인 상황이 발생할 수 있습니다. 따라서 각 시기 뇌 발달에 맞는 적절한 경험을 제공해 주어야 합니다.

다음 장에서는 각 뇌 발달 단계에 필요한 적절한 외부 자극과 환경은 무엇이고, 각 시기에 관찰될 수 있는 아이의 행동 양식을 살펴보겠습니다. 그리고 그런 행동을 보일 때 어떻게 반응해야 아이의 뇌 발달과 인지 발달에 도움이 되는지, 각 시기별 양육법에 대해서 알아보겠습니다.

제2장 적용하기
'시기별 양육법'

1. 태아기 뇌의 특성과 양육

2. 영아기 뇌의 특성과 양육

3. 유아기 뇌의 특성과 양육

적용하기에 앞서
무엇보다 경험이 중요합니다!

시기별 양육법을 알아보기에 앞서 알아야 할 가장 중요한 사실 하나를 먼저 알려드리려고 합니다. 인간의 뇌는 가소성이라는 특징을 평생 가지고 있기 때문에 외부적인 변화에 역동적으로 반응하는 구조를 가지고 있지만 그 과정이 자연스럽고 자동적인 것은 아닙니다. 학습을 위한 뇌의 유연성과 가소성을 위한 성장 촉진제가 필요한데, 그것은 바로 경험입니다.

1장의 뇌발달 단계를 통해서도 이미 알아봤지만, 뇌의 기능을 좌우하는 뇌의 정보 전달 네트워크인 시냅스는 출생 이후 이미 필요 이상으로 많이 존재하고 있고, 외부 환경으로부터 오는 지속적인 자극과 자극의 경험 유무에 따라 가지치기라는 과정을 통해 정리가 됩니다. 즉, 다양한 것을 많이 자주 경험할수록 아이의 뇌에서 가지치기 되는 시냅스는 줄어들 것이고 여러 연결성이 그대로 남아있게 된다는 뜻입니다. 아이가 겪는 다양한 경험이 시냅스를 유지시키고 강화시킨다는 것입니다.

세계의 많은 뇌과학자들은 경험이 시냅스의 연결성을 강화시키고 단단하게 만들어서 뇌발달을 촉진시키게 하는 중요한 요소라고 주장합니다. 서울대학교 신경과학연구소 서유헌 소장은 뇌가 태어날 때 성인의 1/4분 밖에 형성되지 않기 때문에 출생 후 사춘기 시기까지의 적절한 환경과 교육적인 환경에 의해 발달한다고 이야기했습니다. 덧붙여 적절한 자극과 환경을 만들어주는 것이 뇌를 성숙시키는 데 아주 중요함을 강조합니다. 뇌발달은 유전적 요인도 중요하지만 후천적 경험 역시 많은 영향을 미친다고 보고 있다는 것입니다.

1. 태아기 뇌의 특성과 양육

태교는 역시 중요하다!
엄마의 건강은 곧 아기의 건강!

앞서 뇌발달 단계에서도 살펴본 것처럼 아이의 뇌발달은 수정 후에 바로 진행됩니다. 이때 생존에 필요한 심장박동, 미각, 소화 기능을 담당하는 대뇌 변연계 뿐 아니라 청각과 시각 기능을 담당하는 측두엽과 후두엽이 발달하게 되기 때문에 태아는 제한적이나마 외부의 자극을 받아들일 수 있습니다. 양수와 탯줄은 엄마로부터 영양을 공급받을 뿐 아니라 뇌발달에 필요한 외부 자극을 받아들일 수 있는 단 하나의 통로입니다. 따라서 태아의 뇌발달 단계 환경은 곧 임산부가 처해있는 환경입니다. 그래서 태아의 뇌발달을 위한 육아법은 임산부의 건강 상태 및 정서 상태를 관리하는 것이라고 해도 과언이 아닙니다.

이 시기 임산부는 신선한 공기를 마시고 적절한 운동을 함으로써 태아의 두뇌에 원활한 산소 공급을 해 줄 필요가 있습니다. 또한 태아의 두뇌발달과 활동을 활발하게 하는 영양분을 충분히 섭취해야 합니다. 수정 후 5주부터 20주 사이에 초당 5만 개에서 10만 개의 새로운 뇌세포인 뉴런이 만들어지고, 대뇌 피질이 두꺼워지면서 주름이 잡히면 뉴런

참고 --- 36p

은 뇌의 여러 부위로 이동하면서 자신이 맡아야 할 기능을 수행할 준비를 합니다. 그래서 뉴런이 이동하는 과정에서 어떤 작은 요인이라도 뉴런의 이동을 방해하면 이동을 멈추거나 길을 잘못 가는 등 그 영향이 치명적일 수 있습니다. 특히 이 과정은 환경의 영향을 많이 받기 때문에 배속의 태아가 방사선을 쬐거나, 영양 상태가 부실하거나, 약물에 중독되는 등의 일에 민감합니다. 뉴런의 이동이 적절하게 일어나지 못하면 시냅스 형성도 온전하게 이루어지지 못하기 때문에 심각한 경우 정신 분열이나 자폐증 같은 병이 발생할 수도 있습니다. 따라서 임신 중 심각한 영양 부족은 태아에게도 매우 좋지 않은 영향을 끼칩니다. 임산부가 영양분을 섭취할 때 우선적으로 태아에게 그 영양분이 가기 때문에 태아의 건강 상태가 심각할 정도로 나빠지지는 않지만, 뇌발달에 취약한 상태가 되는 것입니다. 뇌발달에 엄청난 악영향을 미치는 것은 아니지만 미숙한 뇌발달에 대한 가능성을 생각해 본다면 임산부는 태아의 뇌 형성에 많은 기여를 하는 단백질이나 식물성 지방 뿐 아니라 영양분이 골고루 들어가 있는 식품을 섭취해야 합니다.

태내에서의 경험이 태아의 뇌발달에 영향을 준다는 사실도 잘 알고 있어야 합니다. 대뇌 변연계는 감정을 다루는 기능을 담당하는 영역입니다. 생존과 관련된 대뇌 변연계가 감정을 다루는 기능도 동시에 담당하고 있기 때문에 태내의 아이는 엄마가 느끼는 감정을 그대로 받아들이고 인지할 수 있습니다. 이것은 엄마가 받는 스트레스까지도 태아가 그대로 전달받게 된다는 것을 의미합니다. 한 실험에서 임신 후기의 여성 3명에게 거리의 지나다니는 사람들을 담은 영상, 밝고 경쾌한 영화, 슬픈 영화를 보여주고 태아의 모습과 움직임을 관찰했습니다. 그 결과 엄마가 즐거워 할 때 태아의 움직임이 늘어나는 반면, 엄마가 슬픈 영화를 보면서 슬픈 감정을 느끼면 태아는 위축되는 모습을 보여주었습니다(EBS 다큐프라임, 퍼펙트 베이비 1부). 이렇게 임산부가 느끼는 감정이 태아에게 그대로 전달되는 이유는 호르몬 때문입니다. 임산부가 행복감을 많이 느낄 수록 좋은 신경전달 물질이 늘어나고, 이 물질이 태아에게도 전달됩니다.

반대로 임산부가 스트레스로 인해 분출시키는 호르몬은 스트레스에 대한 관리를 담당하는 태아의 유전자가 제 기능을 할 수 없게 할 수도 있습니다. 스트레스를 잘 관리하지 못하는 성향의 사람이 될 수 있다 는 것입니다. 이런 정서적 충격과 스트레스가 반복되거나 길어질 경우, 태아의 신체 발달에 부정적인 영향을 끼치고 정서 불안과 같은 문제를 보일 수도 있습니다. 임산부가 극심한 정서적 충격을 받게 되면, 심각한 경우 태반으로 가는 영양의 공급이 중단되고, 태아는 산소를 충분히 공급받지 못하고 사망에 이를 수도 있게 됩니다. 이처럼 임산부의 정신적 건강은 태아에게도 출생 후에도 영향을 미칠 만큼 엄청납니다. 임신 중 부모와 많은 시간을 공감하며 많은 경험을 함으로써 태교를 충분히 받은 아기는 출생 후에도 긍정적인 반응을 많이 보여주며, 뇌발달에 따른 신체 발달의 시기도 조금 빨라진다는 것이 전문가들의 이야기입니다. 물론 신체 발달이나 정서 발달의 시기가 조금 이르거나 늦다고 해서 아이의 인지 발달에 문제가 있는 것은 아니지만, 태아를 위한 최적의 환경을 만들기 위해서는 앞서 이야기했던 영양이나 건강 상태 뿐 아니라 임산부의 감정과 정서를 최대한 편안하고 행복하게 유지시켜야 합니다.

임산부의 건강과 정서 상태가 태아에게 지대한 영향을 미친다는 것을 계속해서 강조했지만, 이러한 사실이 오히려 임산부에게 부작용을 초래할 수도 있다는 사실도 인정해야겠습니다. 요즘 태교에 좋다고 하면 무작정 받아들이고 따라하고, 본인이 별로 좋아하지도 않는 음악이나 책에 억지로 매달려서 태아가 탁월한 재능을 가지길 바라는 마음으로 여러 가지 프로그램에 적극적으로 참여하는 임산부들도 많기 때문입니다.

그러나 그런 기대만 가지고 임산부가 그런 활동을 하며 스트레스를 받는 것보다 평소에 자신이 좋아하는 노래를 듣거나 좋아하는 책을 보면서 본인의 마음을 편히 갖는 것이 태아와 태아의 뇌발달에 더 중요하고 효과적입니다. 앞의 실험을 통해서도 증명됐듯이 임산부가 편안하고 행복해야 비로소 배 속의 태아 역시 편안한 상태가 되고 태아의 두뇌는 더 좋은 자극을 받게 되기 때문입니다. 만약 여유로운 시간을 가질 수 있다면 배 속의 태아와 조용히 대화를 하거나 기분이 좋을 때는 그 기분을 밖으로 표현하면서 겉으로 드러내는 것도 좋습니다. 직장을 다니는 여성 또한 마찬가지입니다. 마음을 편히 가지고, 본인이 좋아하는 것만 하면서 지내는 것이 가장 최상이긴 하겠으나, 그렇다고 이를 위해서 본인이 하는 일을 전부 그만두고 태교에 집중하라는 뜻은 절대 아닙니다. 엄청난 중압감이나 과도한 스트레스를 받지만 않는다면 태아는 엄마에게 적응되면서 배 속에서 성장하기 때문에 너무 걱정할 필요가 없습니다. 오히려 규칙적이고 부지런한 생활 습관 자체가 배 속의 태아에게 적용될 가능성이 높습니다. 그렇기 때문에 평소의 생활 습관을 과도하게 바꾸지 말고 자연스러운 환경에서 태아를 키우는 것이 중요하다는 사실을 다시 한 번 알려드립니다.

엄마의 건강이 곧 아기의 건강이기 때문에 화목하고 편안한 분위기를 만드는 것은 필요합니다. 그렇기 때문에 아빠도 같이 태교에 동참하는 것이 중요합니다. 아이는 수정 후 5개월 이내에 청각이 발달하기 때문에 외부로부터 들려오는 소리를 다 들을 수 있고 어렴풋이 그 소리를 구별할 수 있습니다. 엄마의 자궁 안에서 말소리를 이미 듣기 시작한다는 뜻입니다.

그러나 완벽한 말소리를 알아들을 수 있는 것은 아닙니다. 아시다시피 아이는 자신에게 영양을 공급하는 양수에 둘러싸여 있습니다. 이것은 물 안에 있는 것과 동일한 효과를 만들기 때문에 1,000Hz 미만의 진동수를 가지는 소리만 태아에게 전달되게 됩니다. 인간의 목소리가 만들어내는 진동수의 범위가 1초당 100Hz~4,000Hz라는 사실을 보면 확실히 낮은 진동수를 가진 중저음의 목소리가 배 속 태아에게 더 확실히 전달 될 수 있는 것입니다. 그래서 배 속의 태아와 많은 시간을 보내야 하는 건 엄마만이 아닙니다. 아빠도 엄마의 배 속에 있는 아이에게 말을 걸어주며 이 때부터 아이와의 상호작용을 시도하며 엄마에게 치우쳐진 태교에 균형을 맞춰주는 것이 매우 중요합니다.

아이를 만나기 전에 해야 할 일

우리 부모님 세대에서 '임신한 아내' 라고 하면 가장 먼저 떠오르는 것이 늦은 밤 입덧하는 아내를 위해 먹고 싶다는 걸 사러 나가는 남편의 모습이었습니다. 예전부터 산모가 충분한 영양을 공급받아야 한다는 것은 모두가 알고 있는 상식이었던 것으로 보입니다. 그렇게 아이와 엄마의 영양적인 부분만 강조되어 오다가–제가 어린 시절 쯤으로 기억됩니다–태아의 정서적, 교육적인 측면에 대한 중요성이 강조되고 태교 광풍이 불었던 적이 있었습니다.

태교 광풍이 일던 그 시절, 태교의 목적은 '우리 아이 천재로 키우기'였습니다. 그러면서 "태교음악=모차르트"라는 공식이 유행했었죠. 음악이 아이의 태교에 좋다는 연구 결과에 음악가 중 가장 천재성이 높은 모차르트가 소환되어 오면서 그럴듯한 이론이 만들어졌죠. 지금도 음반(혹은 음원) 시장에는 수많은 모차르트 태교 음악 상품이 판매되고 있습니다. 하지만 음악이라는 것도 개인의 취향에 따라 다른 것이기에 엄마가 모차르트를 싫어한다면 모차르트 음악만으로 아이를 천재로 만들 수는 없습니다. 엄마가 싫고 지루해 하면 그것이 아이에게 그대로 전달되기 때문입니다. 태교의 기준은 '엄마'입니다.

아이가 배속에 있을 때 엄마는 신체적으로 심리적으로 많은 변화를 겪게 됩니다. 첫 아이일 경우 그러한 변화들은 더욱더 크게 다가옵니다. 자신에게 다가오는 변화들을 감당하기도 어려운 상황에서 아이를 위해 태교까지 해야 한다는 것은 어찌보면 참 가혹한 일입니다.

그럼에도 불구하고 태교는 참 중요합니다. 아이가, 그리고 아이의 뇌가 벌써 발달을 시작하여 여러가지 것들을 벌써 경험해 나가고 있기 때문입니다. 따라서 태교를 잘하려면 아빠의 도움이 꼭 필요합니다. '엄마는 강하다.'는 말이 있지만 저만 해도 그리 강하지 않습니다. 선진국 여성들은 아이 낳고 산후조리도 안 하는데 우리나라 여자들만 임신, 출산하면서 유난떤다는 이야기를 하는 사람들이 가끔 있습니다만, 서구인들과 우리들의 신체적인 조건이 다름을 간과하고 하는 이야기입니다. 아빠는 임신으로 인해 약해진 엄마와 그보다도 더 약한 아이, 세상 가장 약한 존재 둘을 돌봐야하는 책임이 있습니다.

아이가 배 속에 있을 때 아빠와 엄마는 무엇을 해야 할까요. 우선 아이의 양육에 대해 구체적인 대화를 많이 나눠야 합니다. "우리 아이는 대통령으로 키우자.", "예술가로 키우자!"와 같은 원론적이고 멀리있는 문제들 뿐만 아니라 실제로 일어날 수 있는 작은 문제들에 대해 서로의 생각을 묻고, 합의할 수 있는 부분에 대해서는 미리 합의를 해 놓는 것이 좋습니다.

제 조카가 갓난 아이였을 때 언니네 부부의 다툼을 기억합니다. 아이가 자다가 갑자기 토를 하고 울기 시작했습니다. 아이가 자라는 중에 빈번하게 일어나는 일이지요. 문제는 아이가 진정되고 난 후였습니다. 한 명은 '목욕을 다시 시키고 재워야 된다.'고 했고 다른 한 명은 '이미 진정되어 졸려하는 아이를 왜 씻겨서 잠을 깨우느냐? 일단 재우자.'고 언성을 높였습니다. 옆에서 지켜보던 저는 일단 둘이 조용히 하는 것이 우선이지 않을까 하는 생각을 했습니다.

아이를 키우다 보면 많이 싸운다고 하는데 그러한 다툼은 아이의 꿈과 미래와 같은 거시적인 분야에서 발생하기도 하지만 하루하루 먹고 놀고 생활하는 사소한 분야에서도 발생합니다. 다툼의 크기가 크지 않더라도 생활 영역에서 엄마 아빠의 다툼이 빈번하게 발생할 가능성이 높습니다. 양육은 실전이기 때문에 이미 상황이 발생한 이후에는 의논하고, 자료를 찾고, 조율할 수가 없습니다. 바로 판단을 내리고 아이에게 조치를 취해 주어야 합니다. 상황이 발생한 이후 엄마 아빠가 의견이 일치되지 않는다고 거기서 다투다가는 아이도 힘들고 엄마, 아빠도 힘들고, 온 가족이 고통스럽습니다. 미리 예상되는 여러가지 돌발 상황들에 대해 이야기를 나눠보고 서로의 생각이 어떤지 공유하는 것이 좋습니다. 그리고 미처 예상하지 못한 일의 경우에는 '이 책에 나와있는 대로 하자.' 거나

'OO 인터넷 카페에서 본것으로 하거나, OO엄마에게 물어봐서 하자.'고 합의를 해 두는 것이 좋을 것입니다. 일단 엄마 생각대로 하고 나중에 다시 이야기를 하자는 합의도 괜찮을 것입니다.

아이의 꿈과 미래에 대한 이야기도 미리 나눠야 할 이야기겠지요. 아이는 금방 크기 때문에 하루하루 닥치는 일을 처리하다보면 어느새 아이의 미래에 대해 무언가 결정해야 할 시기가 되어 있을 수 있습니다. 미리 이야기 되어있지 않았을 때 우리는 당황해서 바른 판단을 하기보다 가장 쉬운 방법을 택해, 주변에서 하는 대로 따라하게 됩니다.

일본에서 부모교육을 배울 때 일본키즈코칭협회의 다케우치 에리카 이사장은 첫시간에 꼭 이런 문제를 냈습니다.

2+2=?
?+?=4

두 문제의 차이를 살펴볼 것을 요구하는 질문입니다. 첫번째 문제는 답이 '4' 하나로 정해져 있지만 두번째 문제는 여러가지 답이 있을 수 있는 문제입니다.

1+3=4

2+2=4

3+1=4

쉽게는 이렇게 3가지의 답이 있을 수 있고 더 나아가 1.2, 0.4와 같은 소수점 이하의 개념이나 −1, −2와 같은 음수의 개념까지 더 한다면 답은 무궁무진하게 많아진다는 것이지요. 아이들 인생의 문제들에 대해 부모들이 딱 떨어지는 한 가지의 답만 강요하기 보다는 어떤 목표를 향해가는 수많은 방법들을 함께 고민하며 알려주는 것이 아이와 부모의 행복을 위해 더 나은 방법이라는 이야기입니다.

아이들의 행복이 모든 부모가 바라는 양육의 목표라고 할 수 있을 겁니다. 하지만 우리의 부모님들은 [좋은 성적+수입이 많은 직장=행복] 이라는 식을 완성해 놓고 이 안에서만 아이들을 양육하는 건 아닌지 의문스러울 때가 많이 있습니다. 학교 성적이 좋다고 무조건 돈을 많이 버는 것도 아니고, 돈을 많이 번다고 꼭 행복해지는 것이 아님은 너무도 명백합니다. 그럼에도 불구하고 좋은 성적, 높은 수입만을 행복의 공식으로 설정하고 아이들을 양육하고 교육하는 것은 오히려 아이들이 행복한 삶을 살 수 있는 가능성을 낮추는 일이 될 수 있습니다. 아이들이 행복한 삶을 살 수 있는 길은 여러 가지가 있을 수 있습니다. 그것은 함께 고민하고 함께 만들어 가는 것입니다. 그렇게 하기 위해서는 엄마와 아빠가 동일하게 아이의 모든 가능성을 염두에 두는 열린 마음을 가지고 아이를 양육해야 할 것입니다.

아이의 양육에 대한 서로의 가치관을 이야기 할 때 진심으로 대화 하셔야 합니다. 동의하지도 않으면서 말로만 "그래, 그래!" 해놓고 속으로 '하지만 내 생각이 맞아! 아이가 태어나면 내 맘대로 할거야!'라고 생각하는 것은 미래의 내 아이에게 혼란을 줄 준비를 지금부터 하는 것과 같습니다. 세상에서 서로를 가장 사랑하는 엄마와 아빠지만 같은 가치관을 가지는 것은 애초에 쉬울 수가 없는 일입니다. 가치관을 맞추어가며 아이를 양육하는 것은 가정생활을 통해 어쩌면 평생 동안 지속적으로 이루어지는 작업입니다. 하지만 아이가 태어나기 전에 이미 시작해야 할 일이기도 합니다. 그리고 그 일이 잘 이루어져 있다면 나중에 양육이 훨씬 수월해 질 수 있습니다.

영아기- 뇌발달의 가장 중요한 시기

0세부터 3세까지는 **뇌발달의 가장 중요한 시기**라고 불리는 **결정적 시기**입니다. 간단히 말해보자면 이 시기에 아이의 뇌는 후두엽, 두정엽, 측두엽, 전두엽의 네 영역으로 기본적인 분할이 이루어지며, 생명 유지를 위해 필요한 기본 활동을 제외한 운동, 신체 협응력 등의 신체 활동, 인지, 기억, 언어, 지각, 학습 등과 같은 지적 활동 그리고 기쁨, 슬픔, 공포 등과 같은 정서 활동 등 거의 모든 활동을 관장하는 대뇌가 기초 공사를 하는 기간입니다.

실제로 출생 직후 아기의 뇌 무게는 350그램 정도로 성인의 25프로밖에 되지 않지만, 생후 1년 만에 1킬로그램에 이르게 되며, 이후 3년간 꾸준히 그 무게가 증가합니다. 이렇게 급격한 뇌 무게 증가는 네 영역에서 이루어지는 기초공사 때문입니다. 이 **결정적 시기**에는 생후에 시작된 뉴런 간 연결인 시냅스 수가 50억개 정도까지 꾸준히 증가하다가 아기가 외부의 자극을 받아들이고 그에 대해 반응함으로써 자주 겪었던 경험과 자극을 기준으로 가지치기를 하면서 정리되기 시작합니다. 따라서 이 결정적 시기는 외부 환경의 변화에 따라 뇌가 반응하는 뇌의 **가소성**이 가장 활발하게 일어나는 기간이기도 합니다. 그렇기 때문에 외부로부터 들어오는 적절한 자극이 없다면 아이의 전체적인 인지 발달과 기능을 약화시키거나 지체시키면서 이후 학습과 발달에 영향을 줍니다.

그래서 이 시기를 '창이 크게 열렸다가 닫히는 기간'이라고 비유적으로 표현하기도 합니다. 발달 심리학자 장 피아제Jean Piaget는 0세부터 2세까지 감각기관을 통해 세상을 알아가는 시기로 지정하고 이 시기를 '감각운동단계'로 불렀습니다. 그러나 뇌발달 과정에서는 출생 후 3년이 가장 중요한 시기이므로 이 시기를 영아기라고 지정해서 설명하고자 합니다.

이 시기는 뇌발달 및 인지 발달에 아주 중요한 시기이므로 놓쳐서는 안 될 뇌발달 관련 정보와 그와 깊은 연관이 있는 영아기의 중요한 양육법에 대한 이야기를 하려고 합니다.

주 양육자의 중요성

아이 발달의 어느 시기에나 그렇겠지만 특히 영아기의 아기에게 자신을 보살펴 주는 주 양육자, 즉 **의미있는 타인**은 아주 중요한 역할을 합니다. 아이의 뇌발달은 한 방향으로만 일어나는 것이 아니라 외부 자극, 환경과 상호작용을 하면서 쌍방향으로 일어나기 때문에 외부의 환경이 긍정적이냐 부정적이냐에 따라 아이의 뇌발달에 긍정적인 영향을 미칠 수도, 부정적인 영향을 미칠 수도 있습니다.

영아기의 뇌는 외부 환경으로부터 제시되는 새로운 자극과 변화에 계속 관심을 기울이는 특징이 있기 때문에 어떻게 양육하느냐에 따라 아이의 선천적인 성향도 바꿔 놓을 수 있는 중요한 시기입니다. 선천적으로 예민하고 까다로운 성격의 아이라 하더라도 그러한 성향이 나타나기까지 적절한 자극이 필요하고 시간이 걸리게 마련입니다. 아이가 낯을 가리고 낯선 장소에 가는 것을 두려워 해서 주 양육자가 낯선 장소에 가는 것과 낯선 사람을 만나는 기회를 아이에게서 박탈시키고 과도하게 아이를 보호한다면 그 아이는 커서도 낯선 장소에 가거나 낯선 사람을 만나는 것이 어려운 사람이 됩니다. 그러나 똑같은 성향의 아이라 하더라도 아주 어릴 때부터 다른 아이들이나 어른들과 어울릴 기회가 많고 또 그 경험들이 긍정적이었다면 선천적으로 예민하고 까다로운 성격이었던 아이의 성향이 많이 줄어들게 됩니다. 이렇게 아기의 선천적 성향은 주 양육자의 양육 방식과 그 아기가 접하게 되는 환경에 따라 활성화될 수도 있고, 억제될 수도 있습니다. 억제까지는 아니더라도 적어도 그 기질을 완화시킬 수는 있습니다.

아이들의 기질에 맞춘 양육

 사람의 성격 유형을 이야기 할 때 많은 분들이 재미 삼아 혈액형을 이야기합니다. 가끔씩 그 이야기들을 맹신하시는 분들도 만날 수 있습니다. 아무 근거가 없다는 혈액형에 따른 성격 이야기가 계속 회자되는 것은 우리 모두 살면서 사람의 성격 유형이 다 다르다는 것, 그리고 그것은 쉽게 고쳐지지 않는다는 것을 느끼고 있기 때문일 것입니다. 복잡한 이론들은 너무 어려우니까 쉽고 간단하게 축약해서 혈액형을 가지고 이야기를 많이 하게 되는 것 같습니다. 개인적인 관심으로 공부를 좀 하시거나 교육이나 상담 쪽과 관련된 일을 하시는 분들은 MBTI도 많이 알고 계시고 실제로 부부 사이나 아이들 양육에 적용해서 도움을 받고 계시는 분들도 많이 만나 보았습니다. 우리는 그렇게 사람마다 가지고 있는 성격 유형을 기질이라고도 부릅니다.

아이들이 성장할 때도 각자 타고난 기질에 따라 다른 양상을 보입니다. 낯가림에 대해 살펴보았습니다만 사실 어떤 아이들은 낯가림을 전혀 하지 않고 그 시기를 지나가기도 합니다. 그런 아이가 신기해서 부모님에게 물어보면 "글쎄요, 잘 모르겠네요. 우리 아이는 그렇더라구요." 라는 대답을 듣게 됩니다. 그런 아이는 낯선 것에 대해 불안을 느끼기보

다는 흥미를 많이 느끼는 것입니다. 그냥 기질이라고 밖에는 설명하기가
힘듭니다.

제가 만난 어떤 어머니는 3명의 아이를 키우시는 분이십니다. 첫째와
막내는 여자이고 둘째가 남자입니다.
저의 질문입니다.
"여자아이를 키우시는 것과 남자아이를 키우시는 것이 차이가 있나
요?"
"네, 첫째 딸과 막내 딸은 비슷한데 둘째 아들은 좀 달라요. 그런데
남자-여자 차이는 아닌 것 같아요."

어머니의 설명은 이랬습니다.
"두 딸은 활발하고 에너지가 넘쳐요. 잠시라도 가만히 있지를 못하고
심심하다고 느껴지면 무조건 일을 만들어내죠. 높은 곳에 올라가기도 하
고 위험한 일을 하는 것도 서슴지 않아요. 항상 새로운 것을 추구하죠.
그런데 아들인 둘째는 비교적 조용한 스타일이예요. 다른 집 아이들에
비하면 아니지만 누나나 동생에 비하면 많이 얌전한 편이죠. 애교가 많
은 것도 둘째 아이랍니다."

그 어머니는 아버지의 직장 때문에 외국에 사시면서 교육기관에 아이들을 맡긴 적은 거의 없고 주로 집에서 양육하신 분이십니다. 그리고 아이들이 모두 두 살 터울 이어서 첫 아이 출산 이후로는 숨 돌릴 틈 없이 육아만 해내신 분이시죠. 양육 방법을 어떻게 달리하실 겨를 조차 없었습니다. 교육 환경이나 양육 방법의 차이 없이 세 아이를 키우셨는데 여자들은 활기 넘치게 자라고 있고 남자는 (비교적) 조용하게 자라고 있는 것이지요. 어머니는 기질의 차이인 것 같다고 하셨습니다.

이 '기질'은 쉽게 변하는 것이 아니기 때문에 부모님들이 아이의 기질을 고치는데 집중하다 보면 육아가 절망적으로 느껴질 수 있습니다. 아이들 중에는 몸이 먼저 반응하는 아이들이 있습니다. 그런 아이들은 부모님이 아무리 차분한 아이로 키우고 싶어도 뛰쳐 나가게 됩니다. 아이도 힘들고 부모님도 힘듭니다. 그래서 저 세 아이의 어머니처럼 '기질이구나!' 생각하시고 아이의 기질을 살려주는 쪽으로 양육하시는 것이 좋습니다.

다만, 아이가 사회 생활을 하는데 방해가 될 수 있는 기질적 특성들이 있습니다. 사람을 만나는 걸 극도로 싫어한다거나 기질적으로 겁이 너무 많고 섬세하면 그런 아이들은 어린이집이나 유치원에도 쉽게 적응을 못합니다. 부모님들이 걱정이 커지게 되죠. 이런 아이들은 부모님이 많이 기다려 주시면서 아이의 그러한 특성을 조금씩 완화시켜주셔야 합니다.

낯선 환경이 두려운 상황에서 부모님이 화를 내시거나 속상해하시는 걸 아이들이 알게 되면 죄책감까지 느끼게 되어 아이들은 더욱더 그 상황이 두렵게 됩니다. 결국 아이에게는 좀 더 긴 적응기간이 필요한 것입니다. 한번에 낯선 환경과 낯선 사람들을 맞닥뜨리는 것은 아이들에게는 버거울 수가 있습니다. 낯선 환경에 가게 된다면 그곳에 익숙해질 때까지 부모님이 함께 계셔 주시거나, 편안한 장소에서 낯선 사람을 만나는 경험을 하면서 적응할 수 있도록 도와주시는 것이 좋습니다. 할아버지, 할머니나 이모, 삼촌처럼 비교적 덜 낯선 사람들과 시간을 보내는 것도 적응에 도움을 줄 수 있습니다. 급한 마음을 잠시 접어두고 아이의 적응기간 동안 기다려 주시면 아이도 점점 좋아지는 모습을 보여줍니다.

반면 너무 활동적이어서 말썽쟁이가 되어버린 아이가 있다면 유치원이나 학교에 가기 전에 에너지를 충분히 발산할 수 있는 활동을 해서 조절을 해 주어야 합니다. 강하게 혼내신다고 해서 아이들이 얌전해지는 법은 없습니다. 크게 혼이 난 후 잠시 겉으로 얌전해진 것처럼 보이더라도 사실은 위축된 모습일 수 있으며 자칫 아이에게 상처가 될 수도 있습니다. 아이의 기질을 파악하고 그것에 맞추어 양육하는 것도 육아에서 중요합니다.

가만히 있지만 안팎으로 열심히 크는 중

갓 태어난 아이는 모든 것이 낯설고 무섭습니다. 외부의 모든 자극을 엄마의 배 속에서 간접적으로만 받아들였던 태아는 세상에 나오고 나서 그 모든 자극들을 직접적으로 받게 됩니다. 그 직접적인 외부 자극을 통해서 뇌 속의 뉴런 간 연결인 시냅스 성장이 극적으로 이루어지고, 이 시냅스를 통해 신생아는 자신의 신체 부위 및 감각 기관을 발달시키면서 뇌를 성장시키고, 성숙시키기 시작합니다.

신생아 뇌 피질 부위가 발달하는 순서는 아이에게서 관찰되는 여러 행동이 나타나는 순서와 대부분 일치합니다. 기본적인 청각 피질과 시각 피질은 생후 3~4개월부터 12개월까지 계속 발달됩니다. 청각 피질과 시각 피질이 발달한다는 것은 이 때 아이의 청각과 시각 발달 역시 활발하게 일어난다는 것이겠죠. 이 때부터 아기들은 자신의 주위에 있는 사물이나 인물 등의 시각 정보나 자신의 주위에서 발생하는 여러 가지 소리를 제대로 받아들이게 됩니다. 청각은 7세부터 10세까지 발달하지만, 출생 후 첫 해는 소리를 구별할 수 있는 **소리 변별 능력**이 생기고 이것은 **언어 발달의 기반**이 됩니다.

갓 태어난 아이의 행동 반응 실험

갓 태어난 아이가 언어 발달의 기반이 되는 소리 변별 능력을 가질 수 있다는 것은 무엇을 통해 증명됐을까요? 물론 이제 막 태어난 아이의 뇌

영상을 직접 촬영하여 확인하는 방법이 가장 확실하겠지만, 아직까지 그런 실험과 연구는 시행되지 않았습니다. 끊임없이 움직이는 아이를 움직이지 않게 고정시켜 뇌를 촬영한다는 것은 거의 불가능한 일이니까요. 따라서 뇌에서 어떤 일이 일어나는가를 확인할 수 있는 간접적인 방법을 사용해야 합니다. 특정 환경을 만들어주고 그에 반응하는 행동을 관찰하는 방식을 우리는 **행동반응 실험**이라고 합니다. 이 행동반응 실험을 통해서 아이들이 무엇을 얼마나 인지하고 있고, 뇌에서 어떤 일이 일어나고 있는 것인지를 유추하는 것입니다.

일반 성인과 달리 아기들은 아직 행동적으로 다양한 모습을 보이지 않고 인지적으로 고차원적이지 않기 때문에, 행동이 뇌의 발달과 직접적으로 연관이 있다는 것을 가장 확실하게 보여줄 수 있습니다. 언어의 소리 변별 능력이 있다는 것을 증명한 행동반응 실험은 바로 '공갈 젖꼭지 실험'이었습니다. 공갈 젖꼭지는 우유가 나오지 않는 젖꼭지입니다. 아이를 키우는 사람이라면 누구나 알고 있을 겁니다. 이 공갈 젖꼭지를 아기에게 물려주면 아기는 무의식적으로 그것을 빨기 시작한다는 것도 말입니다. 이 공갈 젖꼭지를 태어난 지 4일 된 아기에게 물려주고 이것을 빨 때마다 한 언어를 들려주면서 이 언어에 익숙해지도록 했습니다. 익숙해진다는 것은 신기함이 사라진다는 뜻입니다. 그렇게 되면 아기가 젖꼭지를 빠는 속도가 느려지게 됩니다.

이렇게 속도가 늦어진 상태에서 다시 아기에게 다른 언어를 들려주면 어떻게 될까요? 아기는 다른 언어를 들었을 때 다시 젖꼭지를 빨리 빨기 시작합니다. 이것은 다른 언어의 소리를 들었을 때, 아기는 다시 신기함을 느꼈다는 것이고, 아기가 두 언어의 음성적 차이를 구별할 수 있다는 것을 뜻합니다. 언어 자체를 구별해 낼 수 있다는 것은 아니지만, 두 언어 사이에 존재하는 운율이나 소리의 차이 등을 구별할 수 있는 변별력은 갖고 있다는 것입니다. 배 속에 있을 때부터 청각 자극에 반응하여 청각과 언어 변별 능력을 키워나가기 시작한 아기는 출생 후에 소리 변별 능력을 더욱 발전시키기 시작하는 것입니다.

Motherese 사용하기

우리가 평소 사람들과 주고 받는 대화를 한 번 생각해 봅시다. 그리고 우리가 아이와 말하는 방식을 떠올려 봅시다. 그 두 모습이 똑같나요? 생각해 보면 알겠지만 전혀 그렇지 않습니다. 우리가 평소에 주고 받는 대화보다 아이에게 말을 거는 방식은 억양이 훨씬 더 과장되어 있고, 표현도 단순합니다. 왜 이렇게 너무나 다른 방식으로 우리는 아이에게 말을 걸까요? 그것은 아마도 아이가 우리가 일반적으로 하는 말을 이해하기에는 너무 어리고 그것을 받아들일 수 있을 정도로 지적 발달이 이루어지지 않았을 거라는 무의식에서 나온 행동일 겁니다. 이 생각은 맞을까요? 절반은 맞고 절반은 틀립니다. 틀리다는 것은 아이들이 성인들이 말하는 내용을 이해할 수 있을 정도로 지적 능력이 발달하지 않았을 거라는 생각입니다. 물론 이 시기에 아이들이 성인들처럼 말을 할 수 있는 것은 아닙니다. 아기마다 개인적인 차이가 있긴 하지만, 평균적으로 생후 12개월이 지난 아기들은 10개의 단어 정도를 말할 수 있습니다. 아기들이 감각 피질과 1차 운동 영역을 발달시켜서 자신의 몸을 조절할 수 있는 능력을 습득하긴 했지만, 세밀한 움직임을 조절하거나 통제할 수 없을 뿐 아니라 성장 과정 초기에 아기의 두상이 그만큼 커지지 않아서 입안에 가득 차 있는 혓바닥은 혀의 세밀한 움직임이 필수적으로 동반되는 단어 말하기를 어렵게 하기 때문입니다. 그렇다고 해서 주위에서 들려오는 모든 말을 이해할 수 없는 것은 아닙니다. 아이가 말하는 단어의 갯수가 적다는 것이 아기가 그만큼의 단어만 이해한다는 의미는 아니기 때문입니다. 생후 1년 된 아이들은 평균적으로 100개 정도의 단어의 의미를 이해할 수 있습니다. 그리고 그 단어들은 아이가 주변에서 자연스럽게 들었거나 접해 왔던 언어에서 나온 것입니다. 아이에게 말을 하지 않더라도 아이들은 주변에서 들려오는 언어를 통해서 단어의 의미를 이해할 수 있다는 것입니다.

아이에게만 특히 과장된 억양으로 얘기하는 것은 언어 발달의 기반이 되는 소리 변별 능력을 바탕으로 언어 발달을 하는 시기의 아이에게 적절한 외부 자극이 되기 때문에 맞는 이야기이기도 합니다. 여기서 말하는 소리 변별 능력은 그냥 소리를 구별하는 능력이 아니라 한 언어에 있는 단어의 운율이나 음소를 구별해 낼 수 있는 능력입니다. 따라서 아이에게 과장된 억양으로 말하는 것은 아기가 단어 속의 억양과 음소를 구별하는 것을 좀 더 쉽게 해주는 것입니다. 이런 방식으로 아이에게 하는 말들을 **어머니 말투**Motherese 혹은 **유아말**baby talk이라고 따로 용어까지 지정하고 있으니 이러한 말들이 아이들의 인지 발달에 얼마나 중요한 영향을 미치는지 알 수 있겠죠? 이 어머니 말투나 유아말을 사용해서 아이가 말할 준비를 하는 시기에 다양한 명사와 형용사의 여러 어휘를 아기에게 자주 반복적으로 들려주어 언어 발달에 필요한 억양과 음소들을 습득할 수 있도록 해주는 것이 필요합니다.

　중앙대학교 최영은 교수팀은 21개월 아이와 24개월 아이들을 대상으로 얼마나 단어를 빨리 인식하는지 실험을 진행했습니다. 총 60개의 단어를 들려주고, 2개의 그림 중 들려주는 단어를 나타내는 그림을 고르게 하는 실험이었습니다. 아이들이 단어를 인식하는 시간 차이는 크게 1초 이상이 걸렸습니다. 이것을 아이가 단어를 표현하는 표현 지수와 비교해 보았더니 최대 3배 가까이 차이가 난다는 것을 발견했습니다. 즉, 단어를 인식하는 속도와 단어를 표현하는 표현력 사이에 관계가 있다는 것입니다. 이렇게 큰 차이가 나는 이유는 간단합니다. 바로 주 양육자가 얼마나 더 자주 아이와 상호 작용하며 활발하게 언어를 주고 받는지와 밀접한 관련이 있었던 것입니다. 엄마의 문장과 어휘가 다양하면 다양할수록 아이는 단어를 많이 알고 있으며 단어를 좀 더 빨리 인식할 수 있었다는 것입니다. 결과적으로 주 양육자가 아이에게 사용하는 말과 그 종류가 아이가 얼마나 풍부하고 다양한 어휘를 사용하는지를 암시하고 있는 것입니다. 환경이 중요하다는 것을 다시 한 번 입증하는 셈입니다. 긍정적인 어휘와 형용사의 사용은 그 정서까지도 포함하고 있음을 기억해 주시고 아이에게 하는 말 뿐 아니라 아이의 주위 환경에서도 무분별하고 부정적인 정서를 표현하는 어휘와 단어 사용을 자제해 주세요. 무엇보다도 인위적으로 형성된 환경보다는 자연스러운 분위기에서 긍정적인 어휘와 형용사를 사용하면서 따뜻한 분위기를 만들 수 있다면 더욱더 좋습니다.

능동적으로 움직입니다

생후 1개월부터 생후 6개월 정도에 아기의 전두엽 위쪽에 있는 대뇌 피질의 1차 운동 영역은 아기가 자신의 신체 대부분을 조정할 수 있는 수준까지 발달합니다. 세밀하고 미세한 움직임을 조절하는 것은 아직 무리가 있지만, 이 때가 되면 출생 직후에 관찰됐던 아기의 다양한 선천적 반사행동이 사라지게 됩니다.

출생 직후 보이는 여러 선천적인 반사 행동은 바빈스키 반사(발바닥을 간지럽히면 발을 쭉 펴는 행동), 모로 반사 (깜짝 놀랐을 때 등을 구부리며 손과 발을 앞으로 쭉 뻗는 행동), 잡기 반사(손바닥에 아무 물체나 대면 그 물체를 꼭 쥐는 행동), 보행 반사(신생아를 세워주면 걷는 것처럼 보이는 동작을 하는 행동), 척추 반사(손으로 등의 위에서 아래로 그을 때 한쪽으로 구부러지게 그으면 몸이 그쪽으로 움직이는 것), 그리고 여러분이 잘 아시는 잠수 반사(신생아를 물 속에 넣으면 수영하는 것처럼 팔과 다리를 움직이는)가 있습니다. 이런 선천적인 반사는 원시 반사라고도 불리는데, 대부분의 반사는 사라지고 잡기 반사와 걷기 반사는 의도적인 잡기 반사와 걷기 반사로 바뀝니다. 즉, 자신의 의지와 의사를 가지고 물체를 집거나 걷기를 시도하는 행위로 바뀐다는 뜻입니다.

이 원시 반사가 나타났다가 사라지는 것은 신생아의 신경계의 변화 및 발달 과정을 판단하는 중요한 기준입니다. 감각동작피질이 발달하게 되면서 아기는 여러가지 물체를 만지고 느끼는 감각활동을 하면서 지적, 인지적 발달을 할 수 있는 기반을 마련합니다. 이것은 아이가 손에 집히는 것은 무엇이든 입으로 가져가는 행동으로 나타납니다. 생후 6개월에서 8개월 사이에는 기억의 중추를 담당하는 전두엽과 시공간의 작업 기억을 담당하는 후두엽의 발달도 함께 일어납니다. 이 때부터 아이는 낯을 가리기 시작합니다. 즉, 후두엽을 통해 들어온 시각 자극의 횟수에 따라 전두엽이 그 시각 자극들을 기억하는 정도가 달라지게 된다는 것입니다. 이 낯가림은 사회성 발달의 필요한 과정이자 동시에 인지 발달에 필수적인 한 과정이기 때문에 이 낯가림을 부정적으로 생각하지 않아야 합니다.

신생아가 전두엽의 대뇌 피질 1차 운동 영역을 어느 정도 발달시키게 되면 7개월부터는 기어다니기 시작합니다. 아기가 기어다닐 때는 온 몸과 팔, 다리의 균형 감각 및 기어다닐 때 필요한 팔과 다리를 교차시키는 동작을 해야 하기 때문에 동작피질을 더욱 발달시킨다는 것을 뜻합니다. 12개월 무렵부터 아기는 걷기 시작합니다. 그리고 그 사이에 시각 자극과 청각 자극을 통해 시각 피질과 청각 피질을 발달시켜 시각과 청각이 발달된 아이는 걷기 시작하면서 이곳저곳을 돌아다니고 여러 가지 물건들을 탐색하고 소리를 듣고 냄새를 맡고 맛을 보는 것과 같은 다양한 활동을 시작합니다. 그리고 이러한 활동들을 통해서 신생아의 뇌 속에 많은 시냅스가 형성됩니다. 그렇기 때문에 이 시기에 어떤 특수한 한 가지 기능만을 집중해서 가르치는 것보다 영아가 편안하고 자유로운 분위기에서 여러 장소나 물건을 탐색할 수 있도록 물리적이고 심리적 환경을 마련해 주는 것이 중요합니다.

잦은 스킨십의 중요성

갓 태어난 신생아 시기에는 아기와 잦은 접촉을 해 주는 것이 중요합니다. 아기와 접촉이 얼마나 중요한 역할을 하는지 여러 사례와 실험을 통해서 이미 증명되었습니다. 대표적인 것이 바로 해리 할로우 박사의 어미 원숭이 실험입니다. 해리 박사는 우유병을 매단 철사 원숭이를 한 쪽에 놓고, 다른 한 쪽에는 우유병이 없는 천으로 된 원숭이를 놓고 난 뒤 새끼 원숭이를 같은 장소에 두었습니다. 새끼 원숭이는 우유가 있는 철사 원숭이보다는 천으로 된 원숭이와 훨씬 더 많은 시간을 보냈습니다. 이 실험은 잦은 접촉과 스킨십이 얼마나 중요한지를 보여줍니다.

많은 미숙아를 치료하고 있었던 미국 마이애미 대학 터치리서치 연구소 미숙아 병동에서 관찰된 사실도 아이와의 스킨십이 아이의 뇌를 포함한 전반적인 발달에 얼마나 중요한지를 알려줍니다. 이 병동에서는 아이를 자주 만져주고 안아준 경우가 그렇지 않은 경우보다 체중과 머리 둘레가 훨씬 더 빨리 증가하면서 미숙아 상태를 빨리 벗어난다고 보고했습니다. 이처럼 접촉과 스킨십이 아이의 전반적인 신체 발달이나 뇌발달에 결정적 영향을 미치는 이유는 엄마의 배 속에서 아기의 뇌와 피부가 똑같은 부위에서 나와서 발달하기 때문입니다. 뇌와 피부가 발달 관계상 형제나 마찬가지이기 때문에 태생이 같은 피부와 뇌는 풍부한 신경회로로 연결되어 있습니다. 그렇기 때문에 아주 약한 피부 자극이 뇌의 신경 성장요소를 잘 분비하게 하고 그에 따라 신경망 발달이 촉진된다는 것입니다.

아이와의 잦은 스킨십이 중요한 또 하나의 이유는, 신생아 때부터 아기와 주 양육자 사이의 상호 작용 기능을 담당하는 뇌 부위가 이미 발달해 있기 때문입니다. 한 연구팀이 태어난 지 5일 된 신생아의 뇌를 촬영한 결과, 다른 부위는 거의 활성화 되어 있지 않은 반면 유독 아기와 주 양육자와의 상호작용을 담당하는 뇌 부위만 두드러지게 활성화 되어 있다는 것을 관찰할 수 있었습니다. 그 부위가 활성화되어 있다는 것은 곧 주 양육자와의 상호작용을 절실히 필요로 한다는 의미로, 주 양육자가 아기를 안아주거나 쓰다듬어 줄수록 피부감각과 함께 뇌도 잘 자라게 된다는 것입니다. 아이와 많은 접촉과 따뜻한 스킨쉽을 자주 해주세요. 이건 아이의 건강한 정서 발달과 분위기 형성 뿐 아니라 건강하고 활발한 뇌발달을 위해서도 반드시 필요한 일입니다.

생후 6개월에서 8개월 아이가 전두엽을 발달시키는 기간은 매우 중요합니다. 비록 아이가 말을 할 수는 없지만 언어를 구별하는 소리 변별 능력을 갖추고 태내에서부터 기본적인 감정들을 느낄 수 있는 능력을 갖추고 태어나기 때문에 아기는 주변에서 들리는 말에 포함된 기분이나 정서를 감지할 수 있고 심지어 자기 주변의 분위기조차 감지할 수 있습니다. 아기가 이미 갖추고 있는 소리 변별 능력은 대부분 언어에 포함된 운율과 리듬에 관한 정보이기 때문에 감정이 포함된 언어에 아기는 훨씬 민감하게 반응하고 그 말속에 담긴 의미까지는 아니더라도 감정은 정확히 파악할 수 있습니다. 그렇기 때문에 아이에게 직접적으로 하는 말이 아니더라도 아기의 주변에서 들리는 말과 그 안에 담긴 정서 상태까지도 아이에게 영향을 미칠 수 있습니다. 더욱이 이 시기에는 아기와 주 양육자와의 관계 형성이 아주 중요하기 때문에 주 양육자는 아기에게 따뜻하고 정감 어린 말투로 말을 걸어주고 따뜻한 눈빛, 포옹 등와 같은 긍정적인 정서 표현을 적극적으로 해주면서 아이와 긍정적인 애착 관계를 형성해야 합니다. 긍정적인 애착 관계를 형성하면 할수록 아이의 전두엽 발달은 더 활발해집니다. 아이의 전두엽이 발달한다는 것은 고차원적인 인지 기능을 발달시키는 일 뿐 아니라 아이의 감정을 통제하고 조절하는 능력까지도 발달하는 것이기 때문에 주 양육자는 아이의 감정과 정서에 적절히 반응하여 자기 조절 능력 또한 발달시킬 수 있도록 도와주어야 합니다.

궁금하지만 두려운, 두렵지만 궁금한

갓 태어나서부터 12개월까지 아기를 양육할 때는 '호기심'과 '안정감', 이 두 단어를 키워드로 생각하는 것이 좋습니다. 우리가 우리 자신이 신생아였던 때를 기억하지는 못할지라도, 신생아에게 호기심이 가득할 것이라는 것, 그것이 이 세상을 살아나가야 하는 아이에게 무척 중요한 부분이라는 것을 우리는 미루어 짐작 할 수 있습니다. 아이는 이제 처음 세상을 접하게 되었고 그 안에서 겪는 모든 경험은 당연히 처음하는 경험 입니다. 모든 것이 '처음'인 세상에서 아이는 호기심을 가지게 됩니다. 그러나 이제 막 태어난 아이에게 언어로 설명을 해줄 수는 없습니다. 아이가 가지고 있는 오감을 통해 아이에게 자극을 주는 것으로 정보를 제공해 주어야 합니다. 그것이 아이의 호기심을 해소해 주는 것이고 동시에 뉴런들간의 연결인 시냅스를 강화하는 일이 됩니다.

생후 100일까지는 촉각 위주로 자극해 주되 많이 안아주는 것으로 촉각을 느끼게 해 주는 것이 좋습니다. 청각피질과 시각피질은 생후 3~4개월 무렵, 즉 100일을 전후로 한 시점부터 발달하기 때문에 소리나 모양과 색 등의 청각적, 시각적 자극보다는 촉각을 자극해 주는 것이 좋습니다. 같은 촉감이라도 감싸 안아주면서 몸 전체 피부 전반을 쓰다듬어

주는 것으로 자신과 외부 세계를 구별하여 인식할 수 있도록 해 주세요. 태중에 있을 때처럼 자신이 엄마와 일치되어 있다는 느낌을 가지면서도 엄마 배 속에서와는 다른 구분된 감촉을 느끼게 해 줌으로서 엄마와 분리된 자신을 느끼는데 도움이 될 것입니다. 외부 물건을 만져서 알고 주변 환경을 느끼는 것은 감각동작피질이 발달한 이후 아이가 자신의 팔과 다리, 손과 발을 이용해 기고 걸으며 움직이기 시작할 무렵 시각과 동시에 자극해 주는 것이 좋습니다.

많이 안아 주어야 하는 이유는 또 있습니다. 모든 것이 낯설 때 우리는 호기심과 동시에 불안감을 느낄 수 있습니다. 어른들도 그런데 갓 태어난 아기라면 더 큰 불안감을 느끼는 것이 당연할 것입니다. 그러한 아이를 위해 쓰다듬어 주고 안아줌으로써 안정감을 줄 수 있습니다. 스킨십이 아이의 정서와 발달에 긍정적인 영향을 준다는 것은 너무도 널리 알려져 있는 이야기입니다. 부모님이 안정적으로 충분한 시간 동안 천천히 쓰다듬어 주고 안아준다면 아이는 나와 외부 세계, 나와 부모의 구분된 존재를 안정감 속에 인식해 나갈 수 있을 것입니다.

생후 100일 이후에는 시각과 청각을 비롯해 오감이 자극될 수 있도록 다양한 경험을 할 수 있게 도와줍니다. 다양한 자극을 주기 위해 특별한 곳을 가고 남다른 것을 준비할 필요는 없지만 평범한 일상 속 자극들로부터 아이를 필요 이상으로 격리시켜서는 안 됩니다. 아이의 성향에 따라 불안함보다 호기심이 더 큰 아이가 있을 수도 있고 호기심을 충족시키기 보다 안정감을 더 추구하고자 하는 아이가 있을 수 있습니다. 정답은 아이의 성향을 존중해 주는 것입니다. 우리 아이에게 맞게 호기심을 충족시키면서도 불안하지 않은, 균형을 맞춰 가도록 노력해보세요.

아이가 만 1세가 되기 전 시작할 수 있는 양육 팁 중 하나는 아이에게 다양한 단어를 사용해서 말을 걸어주는 것입니다. 부모 교육을 하다가 부모님들께 사진이나 그림을 보여드리고 돌아가면서 느낌을 말해달라고 요청할 때가 있습니다. 거의 모든 부모님들이 우리가 쓰는 단어가 단 몇 개 뿐임을 알고 놀라십니다. 우리 아이들을 우리와 다르게 풍부한 어휘를 가진 사람으로 성장시키는 방법은 부모님들이 이 시기부터 다양한 단어를 써서 아이와 이야기 하시는 것입니다. 아이가 말을 할 수 있는 시기는 훨씬 뒤에 찾아오지만 모국어 소리를 분별하고 의사소통에 흥미를 가지는 것은 청각 피질이 발달하는 생후 3,4개월부터입니다. 이 때부터 다양한 단어들로 말을 걸어준다면 어휘가 풍부한 아이가 될 수 있을 것입니다. 단어를 많이 알려 준다면 지식을 쌓아 가는 데 도움을 줄 수 있을 것이고 형용사를 다양하게 알려 준다면 표현이 풍부한 아이가 될 수 있을 것입니다. 지식이 많은 아이, 표현이 풍성한 아이로 키우고 싶다면 생후 100일 시기부터 다양한 단어로 말 걸어주기를 시작하는 것이 좋습니다. 이것은 한글이나 영어를 교육하는 것과는 다른 차원의 문제입니다. 우리가 일상에서 사용하는 언어, 말을 아이에게 지속적으로 건네주시는 겁니다. 이것은 이후 언어 폭발의 시기를 준비해가는 중요한 재료가 됩니다. 재료가 많이 쌓일수록 더욱 강력한 폭발이 일어나겠지요. 언어는 언어 자체로도 중요하지만 사고의 기반이 되기도 합니다. 언어 발달에 많은 공을 들여 주시기를 권합니다.

성숙을 위한 발달의 시작

생후 12개월동안 아이는 외부의 환경과 자극에 반응해가며 생존에 필요한 모든 기본적인 능력들을 뇌와 신체의 상호작용을 통해 발달시키는 시기입니다. 기본적으로 생존에 필요한 활동들이 뇌의 발달과 함께 이루어진 뒤, 아이는 기본적인 생존 능력 외에 인간을 인간답게 하기 위한 다양한 활동들을 위한 뇌발달과 성숙을 시작합니다. 2세 무렵 아이의 뇌 신경 세포 연결망인 시냅스의 수는 성인의 수준과 같게 되면서 공간과 언어 영역을 담당하는 두정엽과 측두엽 발달이 집중적으로 일어납니다. 생후부터 시작되는 다양한 첫 경험들이 뇌의 신경세포 연결망인 시냅스를 강화시키는 것이죠. 그리고 18개월 쯤 대뇌피질은 자의식이 생겨서 자기 자신을 알아보고 자신의 반응을 조절할 수 있는 수준까지 발달합니다. 결국 생후 2년까지 아이는 집중, 이해, 운동 기능 통제, 감정 조절, 하나의 사건과 다른 사건을 연결시키는 연계성, 언어 형성 능력에 필요한 뇌의 회로를 형성시킵니다. 그렇기 때문에 생후 1세때까지와 마찬가지로 주 양육자는 적절하게 외부의 환경 자극을 아이에게 제공함으로써 아이의 인지 발달과 뇌발달을 도와주어야 합니다.

어른들의 모습을 흉내내요

생후 1년 동안 뒤집기, 기어가기, 걷기 등을 통해서 전두엽의 운동 피질motor cortex을 발달시킨 아기는 이제 두정엽과 측두엽 발달과 더불어 각 엽에 위치해 있는 거울 뉴런을 발달시키기 시작합니다. **거울 뉴런** mirror neuron이란, 다른 사람들의 동작이나 행동, 그리고 그 동작이나 행동을 통해서 나타내고자 하는 의도나 감정을 머릿 속에서 모방하는 특별한 종류의 뇌세포입니다. 인간들은 다른 사람들의 행동이나 표정을 보고 그 사람의 현재 감정이나 의도를 추측하거나 추론하고 그 사람의 감정을 공감하는 능력을 가지고 있는데, 이 능력은 바로 거울 뉴런때문에 가능한 것입니다. 이 거울 뉴런은 1990년대 이탈리아 파르마대학교의 신경심리학자 자코모 리촐라티Giacomo Rizzolatti 교수팀에 의해 발견되었습니다. 처음 이 거울 뉴런은 짧은 꼬리 원숭이가 상대방의 행동을 보고 마치 거울에 비친 자신의 행동을 보는 것처럼 반응하는 세포가 원숭이의 전두엽 부분에 있다는 것을 뇌피질 기록 장치를 통해서 발견한 것으로 시작됐습니다. 즉, 한 원숭이가 땅콩을 집는 모습을 보기만 해도 그것을 지켜보는 원숭이의 전운동피질의 신경세포가 활성화된 것입니다. 이후 여러 연구자들은 사람에게도 이 거울 뉴런이 있다는 것을 확인했고, 원숭이의 경우보다 더 많은 곳-전두엽과 두정엽, 측두엽-에 발견되었습니다.

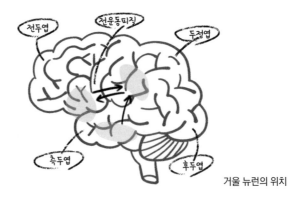

거울 뉴런의 위치

이런 거울 뉴런의 발달은 기본적인 운동 영역과 청각 기능, 시각 기능이 발달하고 사물과 사람에 대한 구별이 가능해지면서 아기가 자신의 주위에 있는 어른의 모습들을 그대로 모방하려고 노력하는 것으로 나타납니다. 특히 주 양육자의 얼굴 표정과 행동은 두 돌 전까지 아이들의 표정을 결정짓게 하고 주 양육자와의 애착에도 중요한 요소로 작용합니다. 거울 뉴런을 통한 모방 행동은 무의식적으로 타인의 행위를 따라 만들게 하는 원인이고, 아이들은 이러한 모든 경험들을 뇌에 입력하는데 이 기억은 평생 동안 지속됩니다. 아이는 이 거울 뉴런을 발달시키면서 상대방이 어떤 의도로 그러한 행동을 하는지를 추측하고 예상할 수 있습니다. 이 거울 뉴런은 아이들이 왜 직접 경험을 하지 않고도 다양한 간접 학습이 이루어질 수 있는지 그 원인을 설명하고 있습니다.

언어 발달과 자의식

아기의 뇌가 출생 후 모국어를 습득하기 위한 기본적인 소리 변별 능력을 키우기 위해 청각 기능을 주로 발달시켰다면 출생 후 1년 뒤부터 아기는 한 단어, 혹은 한 단어와 몸짓을 결합시켜 자신이 원하고자 하는 것을 표현할 수 있는 능력을 가지기 시작합니다. 계속적으로 언어 능력을 발전시켜 가면서 생후 2년 정도에는 세 단어를 조합시켜서 자신의 의사를 표현할 수 있는 수준까지 발달하게 됩니다. 가령 생후 1년 된 아이가 "물"이라고 이야기했다면 자기에게 물을 달라고 하는 의미일 수도 있고 어디에선가 물이 흐른다는 의미일 수도 있습니다. 그렇기 때문에 아이가 한 단어로 말할 때는 아이가 무엇을 의미하는지 아이의 몸짓을 보고 추측을 하거나 아이가 원하는 바가 무엇인지를 여러 가지 예를 들어서 아이에게 보여주곤 합니다. 그러나 이런 일들은 채 1년이 되지도 않아서 사라집니다. 만 2세가 되기도 전에 아이들은 "엄마, 물"에서 "엄마, 물 줘."라는 세 단어의 말을 할 수 있을 정도로 언어 능력을 발달시키게 되기 때문입니다. 이러한 언어 능력의 급격한 발달은 비단 언어 능력의 발달만 의미하는 것은 아닙니다. 생후 2년까지 일어나는 뇌의 전역적인 발달과 각 영역과의 연결성 강화는 눈에 보여지는 언어 발달로 대표되는 **인지 기능의 발달**과 연결됩니다. 언어 영역이 발달하는 시기와 비슷한 시기에 아기에게는 **자의식**이 생깁니다. 자의식은 아기로 하여금 자신을 타인과 구별하게 하고, 외부의 환경에 둘러 싸여 존재하는 '나'라는 존재가 있어서 그 '내'가 모든 행동을 하고 생각한다고 의식하는 것을 의미합니다. 자의식이 생기게 되면 이전에는 거울에 비친 자신의 모습을 신기하게 쳐다봤던 아이들이 사실은 거울 속에 비친 모습이 자기 자신이라는 것을 인식합니다. 이때 만약 아이의 얼굴에 무엇을 묻힌 뒤 거울을 보여주면, 거울에 비친 자신이 아니라 자기 자신의 얼굴을 닦으려는 시도를 할 것입니다.

뒤뚱거리지 않고 잘 걸을 수 있습니다

걷는 동작이 서툴렀던 아이는 두 돌이 되기 전에 안정감 있게 걷게 되며, 넘어지거나 쓰러지지 않을 정도의 유연성과 균형 감각을 가지게 됩니다. 이런 유연하고 균형 있는 걷기가 가능한 것은 근육의 수축과 이완, 그리고 균형 감각을 담당하는 소뇌가 잘 발달되었다는 증거이며, 다리와 어깨 등의 움직임을 관장하는 전두엽에 있는 전운동 영역의 연합이 잘 이루어져 협동하고 있음을 의미합니다. 그리고 소뇌와 대뇌의 연결성 역시 성공적으로 이루어졌다는 것을 뜻하기도 합니다. 걷는 것이 무리없이 가능해지면서 아이는 이제 기동성이 좋아지고 대근육을 이용한 놀이와 활동을 즐기기 시작합니다. 집안의 가구들이나 이불을 밀거나 당기고, 가구의 틈새에 자신의 몸을 숨기거나 기어들어가는 행동을 하기도 하며 여러 가지 물건들을 만지면서 집안을 엉망으로 만들어 놓기도 합니다. 또한 물건을 잡을 수는 있지만 놓는 것은 서툴렀던 아이가 소근육이 발달하면서 움직임이 이전보다 정교하고 세밀해지며 물건을 잡거나 놓는 일도 손쉽게 할 수 있을 정도가 됩니다. 물건을 잡는 것보다 물건을 놓는 것은 손가락 근육을 적절한 시기에 이완시켜야 해서 좀 더 정교한 움직임이 필요하기 때문입니다. 이렇게 정교한 움직임이 가능해지면 아이들은 낙서나 *끄적거리는* 것에 재미를 붙이게 됩니다. 종이나 연필이 없으면 벽이나 바닥에 낙서를 하는 일도 발생할 수 있습니다. 이 때에는 오히려 낙서나 *끄적거리는* 활동을 장려하며 종이와 같이 쓸 수 있는 필기도구를 주면 됩니다. 이 때 아기들은 자신들이 낙서하는 과정 자체에 더 흥미를 보이기 때문에 낙서한 뒤의 결과물에 관심을 보이기 보다는 과정 자체에 관심을 가지고 지켜봐 주는 것이 좋습니다.

운동 발달이 뇌발달을 돕는다

생후 1년까지 운동 영역을 발달시키면서 아이는 약간 서툴기는 하지만 걸을 수 있게 됩니다. 걷게 되기까지 아이는 뒤집기, 기어가기, 앉기, 서기 등 다양한 운동과정을 거칩니다. 그리고 그 과정에서 필요한 운동 능력은 뇌에서 내리는 명령을 통해서 이루어집니다. 운동 발달은 뇌가 근육에 내리는 명령을 통해서 가능합니다. "아이가 걷게 된다"는 것은 크게는 대뇌 전두엽의 1차 운동 영역에 있는 다리의 움직임을 관장하는 부분에서부터 작게는 균형 감각을 유지하는 기능과 곧은 자세를 유지할 수 있게 하는 근육의 이완과 수축을 담당하는 소뇌, 그리고 이 소뇌와 대뇌 피질의 연결이 잘 이루어졌다는 것입니다. 이렇게 뇌의 각 영역들이 잘 연결되기까지 시간이 필요합니다. 그렇기 때문에 아이가 걸을 수 있게 되기까지 다른 동물들에 비해 오랜 시간이 걸리는 것입니다.

아이들의 운동 발달은 개인 차는 있지만 일반적으로 같은 순서로 일어납니다. 그렇기 때문에 운동 발달은 자연스럽게 일어나는 과정이기도 하지만, 역으로 이 과정에서 운동 발달은 뇌의 발달을 돕는 중요한 활동이기도 합니다. 뇌의 발달은 수동적으로 이루어지는 것이 아니라 외부의 환경에 반응하며 능동적으로 이루어지고 있으며, 뇌가 그 환경에 어떻게 반응할지 명령하는 것으로 이루어지기는 하지만, 그러한 반응은 역으로 뇌의 발달을 돕기 때문입니다. '걷는 것'을 예를 들어 한 번 생각해 봅시다. 얼핏 생각하기에 걷는다는 것은 굉장히 쉬운 활동처럼 보입니다. 다 큰 성인들은 사실 아무 생각없이 걸을 수 있기 때문입니다. 하지만 그 과정을 자세히 생각해 본다면 걷는 와중에도 인간의 뇌는 엄청난 일들을 하고 있습니다. 균형 감각을 유지한 채 근육의 이완과 수축을 적절한 시기에 해주면서 운동 영역에서는 몸을 앞으로 나가게 하는 다리의 움직임을 위해 끊임없이 정보를 전달합니다. 그렇다면 우리가 걷는 환경은 어떤가요? 우리는 허허벌판에서 아무런 장애물 없이 걷는 것이 아닙니다. 내 앞에 갑자기 사람이 나타날 수도 있고, 보도 블럭이 내려 갔다가 올라가기도 하며, 계단을 오르내리기도 합니다. 이러한 장애물들 가운데에 우리의 뇌는 눈을 통해 들어오는 시각 정보들을 끊임없이 계산하며 얼마나 발을 내딛어야 하는지, 언제 발을 멈춰야 하는지를 1초보다 더 미세한 단위로 정보를 전달하면서 몸을 움직이도록 명령합니다. 걸음을 이동시키면서 바로 앞에 보였던 장애물과 '나' 사이의 거리 또한 시시각각 변하기 때문에 또 새로운 정보를 받아들이고 계산하며 운동 영역에게 명령을 내립니다. 운동 발달은 균형과 근육의 이완, 수축 뿐 아니라 시공간적인 정보를 계속해서 받아들이고 처리하는 시각정보와 공간정보 처리가 밀접하게 연관되어 있습니다.

이렇게 다양하고 복잡한 과정들이 오로지 걷는 행위를 위해서 이루어지고 있으니, 이제 막 뇌발달을 시작하면서 운동 발달을 하고 있는 아이들에게는 얼마나 복잡한 과정일까요. 그렇기 때문에 운동 발달은 뇌발달 과정을 알려주는 중요한 지표가 되기도 합니다. 그리고 지속적인 운동 발달을 통해서 아이들은 끊임없이 다양한 외부 자극을 받아들이면서 운동 영역을 훈련하게 됩니다. '걷는 행위'를 하기 위해 필요한 많은 정보를 받아들이고 계산하면서 뇌의 전 영역을 발달시키고 훈련시키기 때문입니다. 운동을 경험하게 하고 운동 발달을 훈련시키는 것이 어떻게 뇌발달과 연관이 있는지는 다양한 실험을 통해 이미 증명되었지만 여기선 간단한 실험 하나만 이야기하겠습니다.

미국 일리노이 대학교 심리학과에서 100명이 넘는 아기들을 기지 못하는 아기, 기는 아기, 아직 기지는 못하지만 보행기를 타고 돌아다닐 수 있는 아기, 이렇게 세 그룹으로 나누고 손수건 밑에 숨겨놓은 열쇠와 장난감 등의 물건을 찾게 하는 실험을 했습니다. 그 결과 기지 못하는 아기들보다 기거나 보행기를 타고 다닐 수 있는 아기들이 숨겨놓은 물건을 더 쉽게 찾았습니다. 숨겨 놓은 물건 찾기는 공간을 인식할 수 있는 인지 능력이 떨어지면 힘든 일입니다. 그렇기 때문에 운동 능력 발달이 뇌발달과 밀접한 관련이 있다는 것을 추론할 수 있는 것입니다.

아이들의 운동 발달은 아이를 스스로 움직일 수 있게 합니다. 스스로 움직일 수 있다는 것은 움직이지 않고 한 곳에 누워있을 때 보였던 주변 환경의 모습과 정보들을 다양한 각도와 방식으로 바라볼 수 있게 된다는 것입니다. 아기는 움직이면서 정지되어 있는 것처럼 보였던 환경이 지속적으로 바뀌고 그렇게 바뀌는 환경 정보들이 들어오면 새로운 정보를 쌓아가면서 뇌를 끊임없이 자극시키고 흥분시키는 것입니다. 더 나아가 새로운 정보가 다양하게 들어오는 이유가 결국엔 동일한 대상을 다른 각도로 바라보기 때문이라는 사실까지 알게 된다면, 하나의 대상을 다른 각도로 보게 되는 훈련을 할 뿐 아니라 다양한 정보를 연합시키고 연계시키는 능력까지 발전시키게 되는 것입니다. 그렇기 때문에 주 양육자들은 아이들이 위험한 상황에 처하지 않을 수 있게만 아이를 보호하면서 아이들이 자유롭고 마음껏 움직일 수 있는 환경을 만들어 줘야 합니다.

뇌발달을 방해하는 보행기

아이들의 걸음마를 돕기 위해서 사용되는 기구가 있습니다. 바로 보행기입니다. 요즘 많은 양육자들이 안전을 이유로 보행기를 많이 사용하진 않지만 보행기가 아이에게 좋지 않은 이유는 안전상의 이유 뿐만은 아닙니다. 보행기는 운동 발달을 지연시킨다는 연구 결과가 나왔고, 그렇기 때문에 뇌발달을 지연시키는 결과를 가져옵니다. 연세대학교 소아과학교실 김동수 교수는 "보행기를 사용하면 아이들이 넓적다리 근육을 사용하지 않아도 걸을 수 있기 때문이 이 근육의 발달 시기가 늦어지고 그래서 걷는 데 지장을 초래하며 골반근육과도 연관이 있기 때문에 대소변 가리기 등의 활동도 느려질 가능성이 있다."라고 이야기합니다.

보행기를 타게 되면, 아이는 기어가는 동작을 충분히 훈련하지 않습니다. 그렇게 되면 양쪽 팔과 양쪽 다리를 교차시키며 움직이는 정교한 과정이 거의 생략됩니다. 이 과정은 사실 뇌발달에 아주 효과적인 동작인데, 이 과정을 충분히 훈련하지 않게 되면 반대로 뇌발달에 효과적인 훈련을 하지 않는다는 뜻이 됩니다. 또 보행기에는 바퀴가 달려있기 때문에 아이들이 이동을 쉽게 그리고 빠르게 할 수 있습니다. 아이가 자신의 신체를 여러 방향으로 움직이지 않고 걸을 수 있다는 것은 걷기에 필요한 평형감각과 걷기 기술을 익히지 않은 상태에서도 움직일 수 있기 때문에 쉽게 호기심을 채울 수 있고, 이것은 여러 감각들의 발달이 늦어져 뇌발달이 저해되는 원인이 된다는 것입니다. 이외에도 보행기를 타게 되면 앞을 바라보는 시야가 좁아져서 주변 사물을 인지하고 이해하는 인지 능력이 떨어질 가능성이 있기 때문에 사실 소아과 의사들은 보행기 사용을 별로 권하지 않는다고 합니다.

기어야 걷는다

 아이가 성장하는 모습을 한 발짝 떨어져서 전체적인 시야로 바라보게 되면 아이가 보여주는 모습 하나 하나가 성장의 과정에 큰 의미가 있는 모습이라는 것을 알 수 있습니다. 아이가 기어다니는 것도 마찬가지 입니다. 우리는 기는 것이 걸음마를 아직 못하는 걷기 전에 아이가 이동하는 방법이라고 생각하고 큰 의미를 부여하지 않습니다.

하지만 아이가 기어다니는 시기도 발달을 위해 무척 중요한 시기이기 때문에 아이가 원하는 만큼 충분히 기어다닐 수 있도록 해주어야 합니다. 기어다니는 시기는 걷기를 준비하는 시기입니다. 아이가 처음 걷게 되면 근육의 발달도 아직 미완성이고 걷는 행동 자체가 어색하기 때문에 필연적으로 넘어지게 됩니다.

뇌발달 과정에서 살펴본 것 처럼 걷는 것은 우리 몸의 각 부분과 다양한 신경 기관을 모두 사용하는 정교하고 복잡한 활동이기 때문에 처음의 실패, 넘어짐은 당연한 과정입니다. 그럴 때는 크게 다쳐서 위험하지 않도록 방어 자세를 취해 주어야 합니다. 그러기 위해서는 기어 다니는 시기를 거치면서 상반신과 팔의 근육이 어느정도 발달되어야 합니다. 다케

우치 에리카는 갓난 아이가 우는 것도 근육 발달, 특히 복근 발달에 도움이 된다고 이야기합니다. 어른들은 소리내어 크게 울어본 기억이 잘 없을 것입니다. 지금 바로 어린 아이의 울음을 한번 흉내내 보시면 목소리로만 우는 것이 아니라 복근을 비롯한 상반신의 여러 근육들을 사용해서 운다는 것을 느끼실 수 있을 겁니다. 흔히 말하는 코어 근육을 사용하게 되고 근육이라는 것은 사용하면 할수록 발달하게 됩니다. 기게 될 때도 마찬가지로 복근과 상반신의 근육들을 사용하게 됩니다. 거기에 더해 팔과 다리의 근육들까지 사용하면서 걷기 위한 준비, 실패해서 넘어지더라도 몸을 보호하기 위한 준비를 하는 것이지요.

모든 발달에는 개인차가 존재합니다. 어떤 아이들은 울기도 원 없이 울고 거침 없이 기어다니는 아이들이 있는 반면 적게 우는 데다가 기는 것도 조심스러워 다른 아이들보다 늦게 기는 아이도 있습니다. 그렇게 되면 걷는 것도 늦어지고 팔과 상반신의 근육의 발달이 충분치 못해 걷다가 넘어졌을 때 위험할 수도 있습니다. 그런 아이들을 위해서는 부모가 아이와 놀아주면서 팔과 상반신의 근육을 발달시키는 방법을 권합니다. 바로 기는 자세로 아이와 놀아주는 것입니다. 아빠들에게 더 어울리는 놀이처럼 보이는데, 아이와 장난감 자동차나 동물 인형과 함께 빨리 기어가기 경주를 한다거나 말타기를 하는 것처럼 아빠 등에 올라타는 놀이를 하면 아이의 팔과 상반신 근육 발달에 도움이 될 것입니다. 엄마가 놀아줄 때는 계단 형식으로 되어있는 곳을 기어 올라가는 동작을 반복하는 것도 도움이 될 수 있습니다. 기지 않고 바로 걸으려는 아이라면 짚고 올라설 만한 것들을 주변에서 치워주어 많이 기어다닐 수 있도록 해주어야 합니다. 모든 발달은 단계적으로 이루어지는 것이 가장 좋습니다.

정교한 손놀림으로 오감을 자극하라

생후 1년까지 아이는 뇌발달과 더불어 신체의 다양한 기관, 특히 오감을 사용해서 외부의 환경과 자극을 받아들이며 신체와 뇌를 동시에 발달시킵니다. 그럼 다섯 가지 감각 기관 중 가장 정교하고 세밀하게 움직이며 뇌를 발달시키는 감각은 무엇일까요? 오감과 뇌의 발달이 밀접한 관련을 가지고 있다는 것과 **앞서 나왔던 운동과 감각을 받아들이는 뇌의 영역을 나타낸 그림**을 보면 쉽게 답을 찾을 수 있습니다. 바로 **손**입니다. 신체국소대응지도를 보면 몸의 전체 운동 영역과 감각 기관을 관장하는 전두엽, 두정엽 부분의 1차 감각피질과 운동 영역에서 몸의 다른 부분(다리나 몸통)에 비해 손이 굉장히 크게 표현되어 있는 것을 볼 수 있습니다. 우리가 사실 잘 인지하지 못하고 있는 부분이지만 일상 생활에서 가장 많이 사용하고 있으며, 가장 정교한 동작을 요구하는 것이 바로 손입니다.

여러분의 하루 일과를 상상해봐도 알 수 있습니다. 아침에 일어나서 씻고, 밥을 먹고, 출근 준비를 하거나 집안일을 하거나, 회사에서 일을 하거나 심지어 버스나 지하철에서도 손은 다른 어떤 신체부위보다 열심히, 정교하게 움직이고 있습니다. 제가 지금 글을 쓰고 있는 순간에도 손은 열심히 타자를 치고 있으니까요. 그만큼 손은 정교한 움직임을 필요로 합니다. 우리의 일생 생활에서도 그렇듯 아이의 발달에도 손의 움직임은 굉장히 중요한 역할을 합니다. 정교한 움직임은 외부 자극에 민감하고 정확하게 반응해야 한다는 것이고 정보처리를 정밀하게 해야 한다는 것입니다. 정보의 처리가 정밀하다는 것은 많은 신경세포가 정보 처

참고

25p

리에 관여한다는 뜻입니다. 아이가 출생 전부터 시냅스를 통해서 뇌의 신경 세포들을 연결시켜 나간다는 것을 이미 얘기했습니다. 이렇게 연결된 신경세포들은 한 개 당 한 개씩 연결되어 있는 것이 아니라 한 개가 여러 개, 많게는 1만 개의 신경세포와 연결되기 때문에 손을 움직이는데 사용되는 뇌 신경세포들이 손을 움직이는 뇌의 신경세포들만 자극하거나 정보를 주는 것은 아닙니다. 손 동작에 사용되는 뇌의 신경세포는 다른 영역-정서나 고위 인지 기능-의 신경세포에도 자극을 주게 되면서 이 영역의 뇌 활동에도 영향을 미치게 됩니다.

그렇기 때문에 손 운동과 손놀림이 뇌의 전체 영역에 영향을 미친다고 해도 과언이 아닙니다. 이렇게 손을 움직이며 뇌가 발달한다는 것은 뇌가 외부 환경에 따라 민감하게 반응하고, 외부 자극이 변화하면 그에 따라 뇌도 반응하고 변화한다는 사실은 계속해서 이야기해도 지나치지 않는 중요한 부분입니다. 뇌는 한 번 발달되고 나면 영구적으로 변화하지 않고 고정되어 있는 것이 아니라 외부 자극이나 상황에 따라 변화합니다. 손이야말로 외부 환경이나 자극에 민감하게 반응하여 그에 따라 적절하게 움직이는 기관입니다. 이러한 움직임과 변화에 따라 뇌도 역동적으로 변화합니다. 아이가 손을 움직이는 것을 잘 관찰해 보세요. 처음 아이의 손놀림은 정교하지 못합니다. 자신의 나이를 손가락으로 표시하는 것도 어려워합니다. 아직 대뇌발달이 이루어지고 있는 과정이고 아직은 성숙하지 않은 뇌를 가지고 있기 때문에 손놀림이 정교하지 못한 것입니다. 따라서 기본적인 대뇌 회로가 완성되는 시기에 아이 손으로 여러 활동을 하면서 물건을 집고, 쥐고, 만지게 하면서 뇌가 폭발적으로 성장합니다.

서울대학교 신경과학 연구소장 서유헌 교수는 아래와 같이 이야기 했습니다.

"신경세포의 30%가 이 조그만 손을 움직이는 데 동원되고 있습니다. 그만큼 손이 아주 중요하고, 그렇기 때문에 손에 정밀한 운동 자극이 필요합니다. 우리가 손을 잘 움직이고 손을 이용해 기교를 하고 공작을 하면 뇌를 발달시키는 데 효과적입니다."

그렇다면 손의 정밀한 운동 자극이란 무엇일까요? 이런 이야기를 들은 아이의 양육자들은 손의 정밀한 운동 자극에 도움이 된다고 비싼 돈을 들여 아이가 손 운동과 손 동작을 할 수 있는 장난감이나 학습 용품을 삽니다. 그러나 사실 이러한 **장난감**이나 **학습용품**은 풍부한 경험과 다양한 운동 자극이라는 말에서 비롯된 **환상**입니다. 오히려 우리가 일상 생활에서 하는 평범한 활동이나 아이와 놀아주는데 활용되는 손놀이-잼잼이나 곤지곤지같은-야말로 정밀하고 풍부한 손의 운동 자극을 주는 데 효과적입니다. 나중에는 종이를 찢거나 연필로 낙서를 하는 것, 색칠, 책장 넘기기, 숟가락질, 젓가락질처럼 일상 생활에서 아이들이 다양하게 할 수 있는 손놀림을 하게 된다면 그것으로 충분합니다.

다만 여기서 중요한 것은 아이들이 가급적 양손을 사용하도록 도와주어야 한다는 것입니다. 운동 영역과 감각 영역을 관장하는 **뇌 영역은 좌뇌가 신체의 오른쪽 부분을, 우뇌가 신체의 왼쪽 부분을 통제**하기 때문에 오른손이 처리하는 정보는 좌뇌로, 왼손이 처리하는 정보는 우뇌로 가게 됩니다. 이 때문에 양쪽 뇌를 균형 있게 발달시키려면 아이로 하여금 양손을 다 사용하게 하도록 하는 것이 좋습니다. 물론 이러한 사실 때문에 아이로 하여금 양손을 다 사용하도록 강요하면 오히려 역효과를 가져오게 되니 자연스럽게 양손을 사용하는 분위기를 만들어 주시거나, 그래도 여의치 않으면 억지로 아이에게 양손을 사용하도록 시킬 필요는 없습니다.

손놀림과 손운동에 대해서 기억해야 할 사항이 한 가지 더 있습니다. 이미 익숙하게 하는 손동작이나 손놀림은 뇌발달을 촉진시키는데 그다지 효율적이지 못하다는 것입니다. 아이가 양육자가 생각하거나 의도하지 않은 다른 새로운 손운동이나 손놀림을 한다고 하더라도 그게 아주 위험한 일이 아니라면 그러한 도전을 할 수 있도록 배려하고 권장하는 것도 중요합니다. 그래야 뇌의 신경 세포 간 연결이 활발하게 이루어지고 강화됩니다. 그리고 아이가 손운동을 하려고 할 때, 어떤 물체를 집거나 만지거나 하려고 할 때 "안 돼.", "하지 마."라고 말하면서 자주 제지하면 그러한 활동이 억제되면서 뇌는 제대로 자라지 않게 됩니다. 물론 이러한 제지 행동이 모든 상황이나 장소를 불문하고 일어나선 안 된다는 것은 아닙니다. 손운동은 뇌발달과 성숙에 필수적인 요건이지만, 상황과 환경에 따른 양육자의 융통성 있는 행동이 요구됩니다.

생후 2~4년의 기간은 아이들의 감성과 계획, 사고를 담당하는 전두엽의 발달이 활발하게 이루어지는 시기입니다. 대부분의 학자들은 생후 3년까지 뇌발달의 75%가 이루어진다는 데 동의하고 있습니다. 전두엽은 단순한 암기부터 시작해서 사회적 규범이나 도덕 등을 생각하는 것과 밀접한 관련이 있고 생후 1세 이후에 발달하기 시작하는 거울 뉴런mirror neuron을 통해 사람에 대한 공감이나 동정심같은 감정을 느끼는 일에 관여되어 있는 영역입니다. 종합적이고 고차원적 사고를 담당하는 전두엽의 발달이 활발해지면 이 시기의 아이들은 어떨 때는 놀라울 정도로 대단한 인지 능력을 보여주기도 하고, 또 다른 때는 통제가 안되는 듯한 행동을 보일 때도 있습니다. 그러나 이러한 기복이 심한 행동들 모두 아이가 발달하기 위해 필요한 과정이라고 생각해야 합니다.

극단적이고 감정 조절이 어려운 시기

18개월쯤 아이는 자의식이 생겨서 자신을 알아보고 자신과 타인을 구분하기 시작하며 뇌 기능을 점차 본능적인 수준에서 감각 발달, 감정 발달을 거쳐 고등한 정서로 그 수준을 발달시켜갑니다. (실제로 2세 무렵 영아의 시냅스 수가 성인 수준에 이르고, 3세 무렵 유아의 두뇌에는 1,000조 개의 시냅스가 있습니다.) 태아기부터 발달된 대뇌변연계는 감정을 느끼고, 기억을 담당하는 중추 역할로 3세 경 완성됩니다. 기억을 담당하는 해마 영역이 변연계에 위치해 있기 때문에 아이들은 대부분 3세 이전에 자신이 겪은 일들을 기억하지 못합니다. 반면에 이성의 뇌 영역이자 감정을 조절하는 전두엽은 점차적으로 발달해 가는 영역이고, 아직은 어휘 발달이나 언어 발달이 완전히 이루어지지 않았기 때문에 아이는 자신의 감정을 언어로 표현하거나 그러한 감정을 이성적으로 통제하는 것이 어렵습니다. 그래서 3세 이전의 아이들은 감정과 본능에 가장 예민합니다. 즉, 감성체계가 이성체계보다 빠르게 성장한다는 뜻입니다. 다음 그림에서 보는 것처럼 전두엽은 발달과 성숙을 가장 늦게 시작해서 20세까지 지속적으로 성숙합니다.

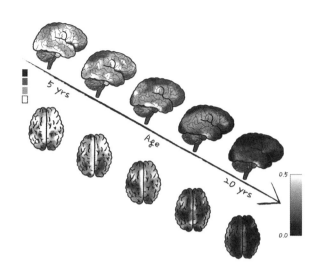

피질 두께의 점진적 변화

Zdravko Petanjek와 동료들(2011)은 갓 태어난 신생아에서 91세 까지 대규모 사망자들의 뇌를 분석하여 정서 조절과 밀접한 관련이 있는 전전두엽 쪽의 시냅스의 수를 반영하는 농도를 분석했습니다. 분석 결과 흥분성 시냅스 수를 반영하는 농도가 아동의 뇌에서 성인보다 대략 2~3 배 더 높았으며, 이 농도는 사춘기부터 감소하기 시작해서 30세에 성인 수준으로까지 낮아지는 것을 보여주었습니다. 즉, 본능적으로 느껴지는 감정을 말로 정의하고, 그 감정이 일어난 상황을 인지하며 타인과 자신 의 입장을 비교해가며 차오르는 감정을 조절하거나 통제하는 능력은 사 춘기 이후에서야 제대로 발휘되기 시작한다는 것입니다.

그렇기 때문에 이 시기에 어떻게 아이들을 양육하느냐에 따라 아이가 특정 상황에서 감정을 표현하는 방식은 정해질 수 있습니다. 이성 체계의 중심이자 감정을 조절하는 전두엽이 발달하게 되면서 감정 표현 방식이 좀 더 성숙해질 수는 있겠지만 이미 어떤 방식을 습득한 뒤에는 그 방식을 변화시키는 것이 어렵고, 이후의 학습과 인지 발달에 영향을 줄 수 있습니다.

언어 발달과 인지 발달의 조화

아이가 만 1세 경에 200~300개 정도의 어휘를 이해하는 수준이 되고 자신이 의도하는 바를 표현하는 수준에까지 이르렀다면 2세부터는 평균 1,000개 정도의 어휘를 이해할 수 있게 되고, 간단하지만 다양한 문장의 표현을 사용하기 시작합니다. 이 때 아이는 단어를 2~3개까지 조합하여 말을 하고, 문법적인 문장을 말하려고 노력합니다. 만 2세 경 언어발달과 함께 성숙되는 **자의식**은 타인과 자신을 구별할 수 있게 하고, 외부 환경에 둘러싸인 '나'라는 존재를 의식하는 것인데, 이런 자의식의 발달은 만 2세경 자신을 가리킬 때 자신의 이름 보다는 '나'라는 단어를 쓰고 활용할 때 엿볼 수가 있습니다. '나'라는 어휘를 사용한다는 것이 별로 대수롭지 않은 것처럼 생각될 수 있지만 이 단어는 상황에 따라, 누가 말을 하느냐에 따라 달라질 수 있는 상대적인 개념입니다. 아이가 '나'라고 말 할 때는 자신을 가리키는 것이지만 다른 사람이 아이에게 '나'라고 했을 때는 아이 자신을 가리키는 것이 아니기 때문입니다. 대화에 '나'라는 단어를 사용했다는 것은 어떤 대상을 지칭하는데 자신의 이름이나 대상의 명칭(예를 들면 '엄마')같은 절대적인 개념이 아니라 상대적인 개념을 적용한다는 뜻입니다. **상대적인 개념을 이해**한다는 것은 그 반대의 개념인 **절대성도 이해**할 수 있다는 것이죠. 따라서 '나'라는 단어를 사용할 때 쯤 외부 환경의 변화에 사물의 외관이 변한다는 사실을 인지하는 것과 더불어 사물이 변화되기 이전의 속성을 인지하게 됩니다.

예를 들면, 이전엔 그늘에 가려져 햇빛을 받지 못하는 소방차를 보고 '검정색'이라고 말했다면, 똑같은 상황의 소방차를 보고 이제 아이는 검정색이라고 말하지 않고 '빨간색'이라고 말하게 되는 것입니다. **변하지 않는 절대적인 성질, 항상성**의 개념을 이해하게 되었다는 의미입니다. '나'라는 단어의 사용으로 대표되는 실체를 가지는 대상의 이름 외에도, 아이는 추상적 개념을 이해하고 표현하게 되면서 눈에 보이지 않는 것을 상상하며 다양한 놀이를 합니다. 이 때는 소꿉놀이를 하면서 눈에 보이지도 않는 것을 '밥'이라고 상상하면서 먹는 시늉을 하는 아이의 모습을 보게 될 수도 있습니다. 인과 관계와 예측 등의 인지 발달도 이루어지면서 주 양육자는 아이와 다양한 대화가 가능해집니다. 아이와 양육자가 같이 있는 상황에서 눈 앞에서 벌어진 일에 대해서 이야기할 수도 있고, 양육자와 같이 시간을 보내고 있지 않았을 때의 일도 설명할 수 있습니다. 아이에게 "오늘 뭐 했어?"라고 물어보는 것도 아이가 인과 관계를 이해하고 있는지 확인할 수 있는 좋은 방법일 수도 있겠습니다. 아이는 또 일을 하러 나가는 양육자의 모습을 보고 "가지 마."라는 이야기도 합니다. 아침에 양육자가 잘 차려입고 밖을 나가려고 한다는 건 굉장히 오랜 시간 동안 집으로 돌아오지 않는다는 사실을 그 동안의 축적된 경험을 통해 **예측**했기 때문에 아이의 입장에서 이 상황에 "가지 마!"라는 말로 **대처**하게 되는 것입니다. 인형 2개나 자동차 2개를 놓고 역할 놀이를 하는 아이를 발견할 지도 모릅니다. 이것은 모든 상황을 자기 중심적인 관점(1인칭)이나 자기 관점에서 본 상대방(2인칭)에서 봤던 **아이의 시점이 3인칭으로 전환**이 가능해진다는 뜻입니다. 이런 다차원적 시점 전환이 가능해지면서 아이는 상대방으로부터 들었던 이야기를 또 다른 상대방에게 전달하는 표현인 "OO가 ~라고(말)했어."라는 **말 옮기기**도 할 수 있습니다.

모든 일을 스스로 하려고 합니다

아이는 만 1세부터 발달된 손가락 근육의 이완과 수축의 발달이 계속 진행되어 좀 더 세밀하고 정교한 손의 움직임을 보여주게 됩니다. 이 때 아이들은 그림자 놀이나 퍼즐 놀이를 하는 것도 재미있어 하고, 빛에 비치는 손 그림자를 이용해서 여러 가지 모양을 만드는 그림자 놀이도 재미있어 하고 곧잘 따라 하려고 합니다. 옷에 단추를 채운다거나 지퍼를 올리는 등의 일도 이전보다 훨씬 능숙하게 잘 해냅니다. 특히 이 과정에서 아이들은 양육자의 도움을 받지 않고 스스로 이런 일들을 해 내는 것을 좋아합니다. 동시에 양육자가 이러한 일들을 도와주려고 하면 도움을 거부합니다. 이 시기의 아이들은 자신이 무엇인가 노력해서 눈에 보이는 결과를 얻는 **보상**에 더 많은 가치를 느끼고 뭐든 혼자 해보려고 하는 **자립심과 자존감**이 생기기 때문입니다. 그렇기 때문에 이 시기에는 아이가 스스로 무엇인가를 하려고 하지만 잘 되지 않을 때에도 도와주기 보다는 옆에서 지켜봐주며 해 냈을 때 칭찬하는 것이 중요합니다. 이 시기의 아이는 사회적 자아로서 타인의 인정과 칭찬을 얻고 싶어하기 때문입니다.

자립심과 자존감이 성장하는 시기라면, 당연히 자신만의 **취향**이 생기게 되고 자기 주장과 개성이 강해집니다. 그래서 이때부터 양육자는 아이를 옷 입히는 전쟁 아닌 전쟁을 합니다. 추운 겨울에 자신이 좋아하는 캐릭터의 반팔 옷을 입는다고 고집을 피운다든지, 꼭 양말을 신어야 옷을 입는다든지 하는 일들이 빈번히 발생하게 될 것입니다. '자의식'이 점점 발달하면서 아이는 자신의 신체 내부의 감각들을 의식적으로 인지할 수 있게 됩니다. 이러한 감각 발달은 자존감, 자립심의 발달과 함께 **자제력**을 발달시키는 원동력으로 작용합니다. 그래서 이 때의 아이는 자신의 배변 욕구를 말이나 행동으로 표현할 수 있게 돼서 배변훈련이 수월해집니다.

거짓말을 할 수도 있습니다

숫자 및 계산을 담당하는 두정엽과 고차원의 인지기능을 담당하는 전두엽의 발달이 동시에 일어나고, 이 두 영역이 연합을 시작하면서 아이는 숫자를 셀 수 있는 능력을 가지게 됩니다. 숫자를 셀 수 있다는 것은 각 숫자가 가지는 의미와 더불어 언어적 능력이 성숙했다는 것을 의미합니다. 우리에게는 "1, 2, 3, 4…"와 같이 숫자 세기가 굉장히 쉬워 보이는 일이지만 아이들은 "1" 다음의 숫자란 "1보다 1이 큰 숫자"를 의미하는 숫자가 "2"라는 것을 알아야 하기 때문입니다. 숫자를 세는 것은 추상적인 개념을 표현하는 능력 뿐 아니라 그 개념들을 종합하여 사고하는 능력을 가졌다는 것입니다. 숫자 세기는 결국 아이의 인지 발달에 있어서 중요한 지표가 되는 셈입니다. 숫자 세기를 할 수 있다는 것은 사고력을 확장시킬 수 있다는 것입니다. 사고력 확장은 존재하지 않는 것에 대해 생각해 볼 수 있는 **상상력**이 성장한다는 말과 같습니다. 존재하지 않는 것, 아이가 하지 않은 것에 대해 상상해 볼 수 있다는 것은 하지 않은 일, 존재하지 않는 것에 대해서도 말할 수 있다는 이야기입니다. 이 때 아이는 처음으로 **거짓말**을 하게 됩니다. 양육자들에게 조금 놀랍고 어떻게 생각하면 슬픈 일일 수도 있지만 이 때의 거짓말은 사실 뇌발달과 인지 발달에서 아주 중요한 과정 중 하나입니다. 따라서 너무 부정적으로 생각해서 화를 내거나 아이에게 거짓말을 했다는 사실을 시인하도록 다그치면서 극단적으로 훈육을 하는 것은 바람직하지 않습니다.

반항하는 아이, 거짓말하는 아이

 아이가 자의식이 생기면서 "싫어, 싫어."를 반복하는 시기가 되면 부모님들은 처음으로 "얘가 반항을 하네!" 라고 생각을 합니다. 나중에 겪을 사춘기의 반항에 비하면 귀여운 수준이지만 '취향'과 '자기방식'을 고집하는 아이를 보며 부모들은 당황하게 됩니다. 옷을 입을 때 마다 전쟁이 벌어지고 아빠랑 잘 놀다가도 씻을 때, 밥먹을 때, 잠잘 때는 꼭 엄마가 해줘야 한다고 고집부리며 "아빠는 저리 가!"하고 울어버립니다. 부모 입장에서는 도대체 이유가 뭔지 알수 없는 상황이 발생하고 그러다 보면 감정 싸움 아닌 감정 싸움을 하게 됩니다.

아이의 이런 행동은 이제 사회의 규칙이나 구성원의 역할에 대해 조금씩 이해하기 시작하면서 자신의 위치를 확인하고자 하는 것이라고 생각하시면 됩니다. 아이의 지혜는 발달했지만 그것을 표현할 만한 언어의 발달이 아직 따라오지 못했기 때문에 아이도 부모도 답답한 상황이 생기게 되는 것입니다. 아이가 말도 안되는 떼를 쓰다가 울어버리면 부모도 속이 상하지만 일단은 아이의 감정을 수용해 주는 것이 좋습니다. "몰라! 그럼 맘대로 해!"라고 하고 싶으시겠지만 우는 아이를 안아주시면서 "그래 속상했구나!"하고 말씀해 주시면 됩니다. 그리고 '싫어', '안돼' 라고 밖에 표현할 수 없는 아이에게 '서운하다', '슬프다', '분하다' 등의 단어를 알려주시면 도움이 될 것입니다. 이 시기 아이의 특징적인 모습이기 때문에 이렇게 하신다고 해서 금방 아이의 행동이 달라지지는 않습니다만 아이를 진정 시켜주시는 데는 효과가 있습니다.

또 부모님들과 아이의 거짓말에 대해 이야기 하다보면 입증되는 저만의 가설이 하나 있습니다. 그것은 "허용적인 부모가 양육하는 아이는 거짓말을 적게 한다."입니다. 평소에 뭐든지 아이들에게 허용하는 부모님에게 "아이가 언제 거짓말을 하던가요?"라고 물어보면 답이 바로 나오지 않습니다. 지금 아이가 몇 살인지와 상관없이 아이의 거짓말에 대해 이야기 해 달라는 이 질문에 한참을 생각하십니다. 그러다 "언제 였더라? 바로 기억이 나지 않는데요!"라고 대답하십니다.

아이들이 많이 하는 거짓말은 어떤 걸까요? 아이들은 누굴 속이고 내가 이익을 취해야겠다고 악의적인 거짓말을 하지는 않습니다. 엄마가 사탕이나 햄버거 같은 거 먹지 말라고 했는데 엄마가 외출한 사이, 아님 반대로 아빠나 할머니, 할아버지와 외출 했다가 엄마에겐 비밀로 하고 먹고 와서는 안 먹었다고 하는 정도입니다. 아니면 컵이나 어떤 물건을 깨거나, 더럽혔거나 잃어버리고서는 자기는 모르는 일이라고 잡아떼는 경우도 있겠죠.

거짓말에 대해 부모 교육을 할 때는 거짓말을 했다는 사실보다는 거짓말을 하게 된 아이의 사정에 대해 생각해 주시라는 부탁을 항상 드립니다. 아이가 거짓말을 하는 사정은 부모가 싫어할까봐(혼날까봐) 외에는 거의 없습니다. 부모님의 대처에 따라서 아이의 거짓말은 충분히 고쳐질 수 있습니다.

제 딸 아이의 친구 중에 제 맘에 안 차는 아이가 있어서 무심코 "엄마는 걔 싫어, 걔랑 놀지마!"라고 한적이 있었습니다. 그런데 제 딸은 그 아이와 계속 놀고 싶었던 모양입니다. 어느 날은 보니 정황상 딱 그 아이와 놀고 온 것 같았습니다. 그래서 물어봤죠.

"오늘 어디서 놀았어?"
"놀이터!"
"누구랑?"
"응? 혼자..."

아이가 그렇게 대답하는 걸 보고 반성을 많이 했습니다. 제 마음은 그렇지 않았는데 아이가 생각하기에 '걔랑 노는거 엄마가 싫어하니까 엄마가 속상해 하거나, 잘못하면 야단까지 맞을 수 있겠구나!' 싶으니 거짓말을 한 것이었습니다. 그 일이 있은 후에는 일부러 그 아이 칭찬도 하고 집에도 데려오라고 하면서 그 아이와 놀아도 엄마가 싫어하지 않는다는 것을 알게 해주었습니다. 물론 제 마음이 마냥 좋지만은 않았습니다만 아이가 거짓말을 하는 것 보다는 나으니까요.

거짓말 한 아이를 혼내실 때 이런 말을 많이들 하십니다.

"엄마(아빠)가 거짓말하지 말랬지! 거짓말하는거 엄마(아빠)가 제일 싫어하는거야!"

이렇게 말씀하시면서 언성을 높이시면 아이들은 거짓말했다는 사실을 숨기기 위해서 더 큰 거짓말을 하거나 아예 상황을 모른척 할 수 있습니다. 그리고 엄마 아빠를 속상하게 한 자신은 나쁜 아이라는 죄책감을 느낄 수도 있습니다. 거짓말을 굳이 하지 않아도 되는 상황을 만들어 주시는 것, 거짓말을 했더라도 사실을 다시 고백할 수 있는 분위기를 만들어 주는 것으로 아이들의 거짓말 문제를 해결할 수 있습니다.

아기의 뇌를 다양하게 자극해 주세요

지금까지 아이의 출생부터 생후 3년까지를 '영아기'로 분류하고 이 시기 아이들의 뇌발달 과정과 그 과정 중에 나타나는 행동들에 대해서 알아봤습니다. 영아기는 '결정적 시기'로 분류되어 뉴런들간의 연결인 시냅스가 형성되며 뇌 속의 신경 회로를 만드는 특별한 기간이기 때문에 이 때에는 뇌에 **지속적이고 풍부한 자극을 아이에게 제공해야** 합니다. 자극은 시냅스를 연결시키는 촉진제이자 자양분이기 때문에 이 시기에 자극을 제공해주지 않으면 뉴런 사이의 연결은 끊어지고 시냅스는 사라지기 때문입니다. 이 때에는 신경세포인 뉴런의 연결을 담당하는 시냅스가 경험을 토대로 선택적으로 강화되거나 제거됩니다.

유용하고 반복된 경험들로 이루어진 연결 고리들은 견고하게 유지되지만, 유용하지 않은 시냅스들은 점차 소멸되기 시작합니다. 즉, 이 때의 경험은 미래의 다양한 경험들을 처리하는 방식에 영향을 미칠 수 있는 신경 구조물들이 형성되는 기초가 되는 것입니다. 그래서 아이가 어렸을 때 아이의 두뇌에 풍부하고 다양한 자극을 주는 것이 좋다는 것은 기본적으로 많은 양육자들이 잘 알고 있는 내용일지도 모르겠습니다.

그렇지만 이 '다양하고 풍부한'이라는 말 때문에 두뇌발달에 도움이 된다고 적극적으로 홍보하며 시중에 판매되는 다양한 값비싼 학습 도구나 장난감을 사야 되는 건 아닌가라는 남 모를 압박감에 시달릴 수도 있습니다. 그렇지만 그 방법은 그리 바람직하지 않습니다. 여기서 말하는 **'풍부하고 다양한 자극'**이란 일반 가정에서 아기가 크면서 보고, 듣고, 느끼고, 만지고 겪는 **보통의 자극**을 의미합니다. 아기에게 아까 말했던 값

비싼 학습 도구나 장난감을 사줘가면서 억지로 특별한 자극을 주려고 애를 쓰거나, 그런 걸 하지 않는다는 불안감이나 압박감을 느낄 필요가 없다는 것입니다. 즉, 어른들의 시각으로 바라본 '풍요로운 경험'이 아니라 **아이의 입장에서 '풍요로운 경험'**으로 받아들일 수 있어야 한다는 것입니다.

우리에게 일상적이고 평범한 보통의 하루는 처음 세상에 태어난 아이들에게는 주변의 모든 것이 다양하고 새로우며 풍부한 경험들이 됩니다. 이러한 일반적이고 평범한 자극들보다 아이가 겪는 경험들이 부족할 때 두뇌발달에 장애가 생기는 것이지 평범한 환경에서 보편적인 자극을 경험하며 자란 아이들의 대부분은 웬만해서 두뇌발달에 문제나 장애가 생기는 것은 아닙니다. 다만 주변 환경, 자연 환경에 존재하는 자극들을 균형있고 다양하게 제공해 주는 것이 대뇌발달에 매우 중요하다는 것은 꼭 기억해 주시기 바랍니다. 실제로 '풍요로운 경험'을 아이에게 주어야 한다는 명목으로 다양한 교육용 교재나 장난감 등을 판매하는 경우가 많습니다. 그것은 다양한 경로를 통해서 이미 주 양육자들이 0세부터 3세까지가 뇌발달에 중요하다는 사실을 막연히 알고 있어서 이 기회를 놓치면 시냅스의 가지치기가 일어나서 아이의 지능이 발달할 기회가 없어져 버린다는 생각을 하기 때문이라고 미국의 신경학자 존 그루어는 말합니다.

그러나 사실 **시냅스의 형성과 지능과는 직접적인 관련이 없습니다.** 또한 시냅스가 형성되면서 자극이 반복적으로 이루어지지 않는 시냅스의 가지치기가 이루어진다는 것 또한 지능 발달에 악영향을 미치는 일이 전혀 아닙니다. 시냅스는 많으면 많을수록 좋은 것도 아니며, 시냅스의 가지치기는 뇌가 성숙하는 과정에서 일어나는 매우 자연스럽고 유익한 과정입니다. 또한 시냅스가 형성되는 시기인 영유아기보단 시냅스의 밀도가 안정적으로 접어드는 아동기와 사춘기에 보다 엄청난 학습과 행동의 변화가 이루어지면서 언어, 수학 및 논리가 많이 발달하게 됩니다.

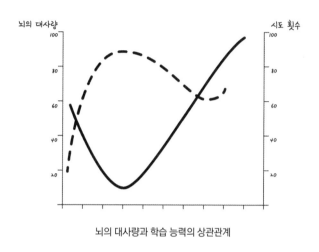

뇌의 대사량과 학습 능력의 상관관계

위의 그래프에서 실선은 뇌의 대사량(에너지를 주고 받는 과정에서 발생하는 열량)을 나타냅니다. 대사량이 높을수록 시냅스의 수가 많다는 것을 의미합니다. 반면, 점선은 아이에게 주어진 과제를 성공하는데 필요한 시도 횟수입니다. 과제에 성공하기까지 많은 시도를 한다는 것은 학습이 효율적으로 이루어지지 않았다는 것을 의미하는 것이죠. 그래프가 의미하는 것처럼 **학습 능력이 실제적으로 나타나는 시기**는 신체적 성숙과 함께 전두엽에서 소비하는 포도당의 대사가 안정되는 시기인 **10세 이후**입니다. 아이의 연령이 증가하면서 뇌의 대사량은 빨리 감소하지만 과제를 수행할 수 있는 능력은 크게 증가된다는 것입니다.

주 양육자들은 뇌 가소성의 특징과 풍요로운 경험이라는 말의 의미를 정확히 이해하고 있어야 합니다. 가정마다 약간의 차이는 있겠지만 아무 것도 없는 환경에서 태어난 아기를 그냥 방치하며 혼자 자라나게 내버려 두는 경우는 거의 없습니다. 대부분의 가정에서 아기는 늘 누군가와 함께 생활하고 주변 환경을 관찰하고 탐색하며 커 갑니다. 이 때, 아기가 주 양육자의 보호 아래 어떤 물체에 하나의 감각으로 접근하는 것이 아니라 오감을 통해 경험하도록 해주면 됩니다. 오감을 통해 학습할 때 뇌의 4개의 엽이 골고루 발달하기 때문입니다. 그리고 본능적으로 아기는 누가 지시하고 가르쳐주지 않아도 스스로 오감을 이용해서 사물을 경험하려고 합니다. 그래서 이 시기의 아기들은 만져보고, 잡아당기고, 빨아보고, 냄새를 맡기도 하는 것입니다. 어른들의 시각으로는 아기에게 위생상 도움이 되지 않을 것 같은 사물에도 오감을 총동원합니다.

양육자는 아기가 보내는 이러한 신호를 무시하지 않고 잘 감지하며 그에 따라 적절하게 반응해 주고 아기의 눈, 귀, 코, 손으로 주변의 환경을 스스로 탐색할 수 있도록 도와주면 결정적 시기에 아기의 뇌는 말랑말랑한 스펀지처럼 그 자극들을 흡수하여 새로운 시냅스를 연결시키기도 하고, 원래 연결되었던 시냅스를 더욱 강화시키기도 합니다. 부모들이 구입한 인위적인 교구나 뇌발달에 도움을 준다는 장난감보다는 **아이들이 알아서 스스로 사물을 탐색하고 탐구하는 활동**이 오감을 활용한 시냅스 형성에 더 중요하며 적절할 수 있다는 것입니다.

이렇게 고려해야 할 사항이 많은 결정적 시기인 영아기 전반에 걸쳐 주의해야 할 사항들과 양육법에 대해서 한 번 살펴보도록 하겠습니다.

말썽꾸러기 아이를 기죽이는 것은 뇌를 기죽이는 것입니다

출생 후 3년 동안은 시냅스가 빠른 속도록 형성되면서 뇌의 무게가 빨리 증가합니다. 외부 자극을 통해서 이루어지는 시냅스 형성은 마치 유전적으로 프로그램된 것처럼 이루어지는 것 같지만, 아기가 외부 환경에 대한 관심을 가지고 그것을 알아보려고 하는 노력 또한 굉장히 중요합니다. 이곳 저곳을 돌아다니고, 사물의 냄새를 맡고 입에 가져가서 맛을 보려고 하는 아기의 모든 행동들이 시냅스를 만들어내는 데 중요한 역할을 하는 것입니다.

이러한 아기들의 적극적 호기심은 외부로부터의 다양한 자극을 경험하도록 하면서 시냅스 형성이라는 과정을 통해 자신의 뇌를 만들어 가게 합니다. 이 시기에 대뇌의 4개의 엽의 기초 공사가 이루어진다는 것을 생각해보면, 어떤 기능 하나만 정해서 집중적으로 키우려고 하는 것보다는 **다양하고 자유로운 탐색과 탐험**이 아이의 뇌발달에 훨씬 적절합니다.

이러한 과정 속에서 아이들의 행동은 어른들이 보기엔 부산스럽고 산만하며 집안을 난장판으로 만들어 놓는 등 골칫거리를 만드는 것처럼 보입니다. 또한 앞뒤 구별 없이 사물을 오감으로 탐색하려다 보니 손에 쥐는 건 무엇이든지 냄새도 맡고 맛도 보려는 아이의 행동들이 양육자들에게는 위험하고 위생적이지 못한 행동으로 보일 수도 있습니다. 사정이 이러다보니 주 양육자들은 아이들의 행동에 제재를 가하는 말―"안 돼!"라거나 "하지 마!"―과 행동을 자주 하게 됩니다. 아이의 건강이나 위생 혹은 집안 사정을 생각해보면 자연스럽게 나올 수 있지만 이러한 말과 행동은 뇌의 시냅스 형성이 한창 일어나는 아이들에게 그다지 좋지 않은 효과를 가져옵니다. 아이가 스스로 움직이며 주변을 탐색하는 자율성을 방지해버리면서 이를 대체할 수 있는 다른 대안이 없다는 것을 암시해

버리는 것이기 때문입니다. "하지 마."라는 말을 자주 들은 아이는 "내가 하는 일은 다 안되는 것이구나."라는 생각을 하게 됩니다. 위험해 보이거나 위생적이지 않아 보이는 행동에 제재를 가한 뒤 아이에게 대안을 제시하지 않는 일도 아이의 발달에 부정적인 영향을 끼칩니다. 대안이 없는 제재나 금지의 언행은 아이가 그 행위를 금지당했을 때 무엇을 어떻게 해야 할지 몰라 당황스럽게 만듭니다. 더욱이 많은 양육자들이 아이의 뇌발달 및 시냅스 형성을 위한다는 명목으로 아이의 오감을 이용한 자율적이고 자발적인 행동과 탐색 과정을 저지하고 자신들이 생각하기에 학습에 도움이 된다는 것들을 가르치려고 합니다.

그렇지만 이런 행동은 뇌발달 및 시냅스 형성에 대한 올바른 이해 없이 시행되는 일일 뿐 아니라 아이의 뇌발달 과정에 오히려 역행하는 일입니다. 아이의 힘으로 오감을 이용해서 탐색하는 대상과 그 범위가 양육자로부터 금지되는 것은 아이의 오감을 통한 감각 경험이 제한되는 것이기 때문입니다. 아이가 하고 싶은 것을 하지 못하게 되면 아이는 좌절감을 경험하고 자율감이나 본인이 하고 싶은 것을 했을 때 느끼는 성취감이 사라지며 이러한 경험과 감정이 반복적으로 일어날 경우 무력감을 느끼게 됩니다. 나아가, 자신이 원하는 것을 배우지 못하는 상황에서 아이는 자연스럽게 학습에 대한 부정적인 인식을 갖게 되기 때문에 학습 패턴도 수동적이 됩니다. 출생부터 이미 감정을 담당하는 편도체 부위가 이미 성숙해져있는 아이들은 학습과 연계된 감정이 불쾌한 것이라고 인식하는 순간 나중에 무엇인가를 배우는 것을 자연적으로 회피합니다. 따라서 아이들의 입장에서 생각해서 아이들을 위한 학습과 경험의 기회를 제공해야지, 어른의 입장에서 아이를 자신의 생각이나 기준에 맞춰서 발달시키려고 하는 것은 양육자의 과도한 욕심일 뿐입니다. 아이가 위험하거나 극도로 비위생적인 상황이라 질병의 위험이 있는 상황이 아니라면 아이의 자유로운 탐험과 탐색 과정을 인정해주고 오히려 그것을 격려해주세요.

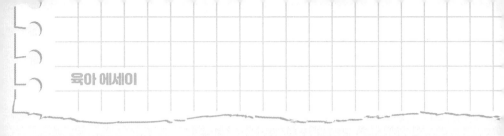
본격적인 호기심 여행의 출발(feat. 엄마, 아빠)

아이는 갓 태어났을 때는 주로 본능적인 행동을 하지만 1년도 채 지나지 않아 점차 자신만의 의지와 의사를 가진 행동을 한 가지씩 해 내기 시작합니다. 그러다가 기어다니고 걸으며 스스로 이동할 즈음엔 모든 장소와 물건을 탐색하기 시작합니다. 출생 직후 아이의 키워드를 안정감과 호기심 이라고 했다면 이 시기의 키워드는 '탐색'과 '의욕'입니다. 단순한 호기심이 구체적인 탐색으로 발전한 것입니다. 이 때는 보다 능동적으로 호기심을 충족해 가는 시기로 주 양육자는 최대한 아이가 호기심을 충족할 수 있도록 도와주어야 합니다. 이 시기에 오감을 통해서 얻어진 정보들의 많고 적음이 당장 아이에게 어떤 차이로 나타나지는 않으나 성장하면 성장할수록 많은 경험을 한 아이와 그렇지 않은 아이는 학습 및 예술 분야에서 분명한 차이를 보이게 됩니다. 호기심이 충족되는 경험을 반복적으로 하다 보면 새로운 것을 만나게 되었을 때 감각도 더 활성화되고 상상력도 풍부해지기 때문입니다. 따라서 주 양육자는 아이의 호기심 충족 과정을 지켜보면서 응원해 주어야 합니다.

생후 12개월 전후 아기의 세상 탐색은 주로 만지기, 입에 넣기, 흔들어 보기, 던지기로 진행됩니다. 아이가 기어다니기 시작할 때부터 이미 이러한 모습을 보이지만 아무래도 기어다닐때는 행동 반경에 제한이 있었습니다. 걸어다니면서 모든 것을 탐색하는 시기는 사실 부모들에게 쉽지 않은 시기입니다. 아이가 말귀를 잘 알아듣는 시기도 아닌데다가 항상 움직이는 아이가 무엇을 만질지, 입에 넣을지 항상 신경을 곤두세우고 있어야 하기 때문입니다. 그래서 이 때 부모들이 가장 많이 하는 말은 "안돼!" 입니다. 그러나 이때 가장 중요한 것이 아이에게 "안돼!"라고 이야기 하지 않는 것입니다.

아이는 항상 자극을 받아야 합니다. 어쩌면 아이는 자신의 발달을 위해 그러한 행동을 하는 것일 수도 있습니다. 그런데 아이가 어떤 것을 만지고 혹여나 삼키진 않는지 보고 있기 귀찮다는 이유로 우리는 "안돼!"라고 합니다. 그러면서 아이를 번쩍 안아서 아기 침대 위로 올려버리거나 등에 업고 포대기로 양팔까지 말아 업어버리기도 합니다. 아이에게 무조건 "안돼!"라고 하고 못하게만 하면 아이는 새로운 일을 탐색하는 법을 배우지 못하게 되어서 어른이 된 후에도 의욕이 없는 사람이 될 수 있습니다.

아이가 집어들었던 물건을 던져버리는 것은 싫거나 싫증이 나서가 아니고 '이것을 던지면 어떻게 되는 걸까?'라고 실험해 보는 것이거나 다른 방식으로 실험해 보려 했지만 소근육이 발달하지 않아 원하던 대로 하지 못하고 놓쳐버린 것일 수도 있습니다. 아이가 무엇인가 탐색하고 있을 때는 상황에 따라 다음과 같이 해주는 것이 좋습니다.

– 물건을 집어들었을 때 그것이 무엇인지 어떤 특징이 있는지 말해주면서 칭찬해 준다.

"귀여운 인형을 찾았구나!", "무거운 책을 혼자 들었네!"

– 무엇을 두드릴 때 소리를 의성어로 흉내내 주면서 다른 것과 비교해 볼 수 있게 해 준다.

"이건 '탕탕' 소리가 나고 이건 '탁탁' 소리가 나네! 이것도 한번 해볼까?"

– 무엇을 던졌을 때 아기의 손이 닿는 곳에 있으면 다시 집어들도록 내버려두고 손이 안 닿는 곳까지 던졌거나 굴러가버렸다면 거부할 때까지 다시 집어 주어서 충분히 탐색할 수 있게 한다.

"이건 공처럼 둥글어서 던지니까 멀리까지 굴러가는 구나!"

– 위험한 물건이나 더러운 것을 만지려 할 땐 "안돼!"라고 말하지 않고 이유를 구체적으로 이야기 해 주고 위험하지 않고 깨끗한 것 중 비슷한 것을 쥐어준다.

"위험해!", "더러워!", "깨지면 다쳐!"

이런 이야기를 드리면 불타는 사명감을 가지고 아이에게 쉴 새 없이 열정적으로 반응해 주시는 부모님들이 많이 계십니다. 그런 부모님들께 한 가지 주의하실 부분이 있다고 꼭 말씀 드립니다. 아이가 무엇인가에 몰두하고 있을 때는 옆에서 칭찬하고 말을 걸어주는 것이 오히려 아이에게 방해가 될 수 있다는 것입니다. 그러면 부모님들은 순간 혼란스러워 지십니다. "몰두하고 있는지 안하고 있는지 아이가 말해 주는 것도 아닌데 제가 잘 알아챌 수 있을까요? 저에겐 너무 어려운 일 인것 같아요."

하지만 아이의 모습과 눈빛을 보고 몇 번만 관심을 가지시다 보면 금방 알아차리실 수 있게 됩니다. 내 아이에 대해 가장 잘 알고 있는 사람은 부모님들이시니까요. 그래도 불안하신 부모님께 한 가지 팁을 드리자면, 아이가 엄마 아빠와 소통을 하고 싶을 때는 보통 상대방의 입을 보면서 옹알이를 합니다. 그럴 때는 아이에게 응원을 해주고 지금 탐색하고 있는 것과 관련된 정보를 최대한 전해 주시는 것이 좋습니다. 반대로 주변에 누가 있는지 쳐다보지도 않고 지금 탐색의 대상에만 시선이 고정되어 있다면 몰두할 수 있는 충분한 시간을 주는 것이 좋습니다. 그 이후에 아이가 고개를 돌려 부모님께 뭔가 이야기를 해주려고 할 때 부모님이 아이의 마음을 받아서 이야기 해 주시면 됩니다. 이런 노력이 계속 된다면 우리가 직접 볼 수 없을 지라도 아이의 뇌는 하루가 다르게 쑥쑥 성장

할 것입니다. 아이를 항상 관심 있게 바라봐 주는 것이 아이의 안전을 위해서도, 발달을 위해서도 중요합니다.

이 이야기를 듣고 어떤 어머니는 배운 대로 아이가 하는 행동마다 반응을 해 주었더니 반응해 주는 만큼 점점 더 많이 해서 감당을 못할 정도였다고 하시더군요. 그래서 너무 힘들 때는 일부러 관심을 안 가지는 척 반응을 안 해 주셨다고 하십니다. 그렇게 반응을 안해주니까 그만 하더라고, 너무 힘들어서 어쩔 수 없었다고 말씀하셨습니다. 모든 것을 너무 무리해서 하실 필요는 없습니다. 부모님이 행복해야 아이도 행복하니까요. 그래도 여력이 되시면 아이의 뇌발달을 위해서 조금 더 힘내시기를 응원합니다.

아이에게 TV는 바보 상자

풍부하고 다양한 경험과 환경 자극이 뇌발달에 중요한 역할을 한다는 사실만 가지고 TV 시청이 아이들의 뇌발달에 도움을 줄 수 있다고 생각할 수 있을지도 모릅니다. 일종의 시청각 자료로 활용할 수 있다고 생각하면서 말입니다. 이런 생각으로 시중에 나와있는 다양한 학습용 동영상과 TV 프로그램을 아이들에게 자주 보여주는 경우도 있을 겁니다. 동영상이나 TV 시청을 한 번이라도 한 아이라면 똑같은 내용이라 할지라도 그것을 계속 보겠다고 조르기도 합니다. 이러한 아이의 모습은 아이가 새로운 사실을 기억하고 학습하고자 하는 욕구를 반영한다고 볼 수 있습니다.

일반적으로 성인들은 TV나 영화를 한 번만 봐도 이전에 자신이 겪었던 경험과 감각, 기억들이 풍부하기 때문에 이러한 것들을 활용하여 그 내용을 기억할 수 있습니다. 그러나 그러한 경험과 기억이 없는 아이들은 한 편의 내용을 온전히 기억하기 위해서는 여러 번의 반복이 필요합니다. 그렇기 때문에 아이들은 TV의 내용을 잘 기억하기 위해 똑같은 내용이라 하더라도 그것을 계속 보고자 하는 것입니다. 그러나 이러한 **아이들의 학습 욕구는 특별히 TV시청에 대해서는 제재돼야 할 필요가 있**습니다. 안타깝게도 **TV시청은 아이의 뇌발달에 치명적인 손상을 입히는 행동**이기 때문입니다. 한림의대 강동성심병원 정신과 신지용 교수는 "만 3세 이전에는 인간의 뇌가 급격히 발달하는 시기인데, 이 때 지나친 시청각 자극은 뇌를 손상시켜 인지 발달, 정서 발달, 사회성 발달 등 전반적인 뇌발달을 저해할 수 있다"고 말합니다.

우선 반복적인 TV시청은 아이들의 음소 변별을 어렵게 만듭니다. '음소'라는 것은 한국어의 /ㅁ/과 /ㅂ/처럼 언어의 의미를 구별해 주는 소리의 특징으로 TV에서 나오는 소리들은 아이들로 하여금 실제적인 음소 변별을 어렵게 만드는데, TV에서 나오는 언어 자극은 아이의 뇌가 단어의 의미를 부여하는데 부적절하기 때문입니다. 아이들의 음소 변별 능력은 실제로 사람과의 (특히 주 양육자와의) 상호작용을 통해서만 가능합니다. 주 양육자가 아이에게 사용하는 **아기 말투**baby talk, motherese-**말의 속도가 드리고, 억양이 과정되어 있으며 표현이 풍부한 말**-와 TV에서 나오는 말은 매우 다릅니다. TV를 시청하는 동안에 아이들의 동공은 축소되거나 확대되지 않고, 화면을 수동적으로 응시합니다. 그렇기 때문에 아이들의 시각 체계가 제대로 자극을 받지 못할 뿐더러 TV 화면의 파장은 실제 야외에서 물체를 보는 것보다 아주 좁은 편이라 오히려 수정체와 망막에 피해를 줍니다. 뿐만 아니라, TV나 동영상은 화면의 전환이 빠르고 한꺼번에 방대한 양의 정보를 제공하기 때문에 아이들에게 그 정보들을 처리할 시간적 여유를 주지 않습니다. 고차원적인 사고를 담당하는 전두엽에서 영상을 처리할 시간이 없기 때문에 이전 화면에서 나왔던 정보나 이미지를 자기 나름의 방식으로 처리하고 그 의미를 파악하려고 하다 보면 다음 화면을 놓치게 되기 때문에 아이는 TV를 보는 동안 이러한 과정 자체를 생략해 버리게 됩니다. 이 과정이 반복되면 아이의 뇌는 새롭게 들어오는 정보를 능동적으로 받아들이거나 처리하지 않고, 이에 따라 적극적으로 외부 환경을 탐색했던 아이는 그 자세 자체가 수동적이 되어 정보를 대충 처리하는 것은 일상화되어 학습 장애나 학습곤란의 원인이 됩니다. 더욱이 TV나 동영상 시청은 오감 중 시각과 청각만을 자극

참고

75p

하기 때문에 0세~3세에 시냅스 형성이 활발하게 일어나고 대뇌 피질의 4군데 영역의 기초 공사가 이루어져서 뇌의 무게가 급격히 증가한다는 것과 연관시켜 생각한다면, 균형 있는 뇌발달을 위해서라도 **TV와 동영상 시청은 가급적 자제**해야 합니다. 물론 24시간 동안 아이에게 주의를 기울이고 아이의 관심과 필요에 맞춰서 모든 것을 움직여야 하는 주 양육자의 입장에서 아이가 TV나 동영상을 시청할 때 온전히 그것에만 집중하고 있기 때문에 말썽을 피우지 않아서 잠시 한숨 돌릴 여유를 가지고 편안함을 가질 수 있는 시간이라는 것은 부정할 수 없는 사실입니다. 그렇기 때문에 아이에게 이러한 것들을 보여주는 것이 아이에게 시청각 자극을 풍부하게 주면서 교육용 교재로 사용한다는 나름 합리적이라 여겨지는 생각을 하며 한편으로 안도하고 있을지 모르겠습니다.

그러나 드미트리 크리스타키스 박사는 이렇게 말합니다. "TV는 어린이의 뇌가 아주 높은 수준의 자극을 기대하도록 만듭니다. 아기는 점차 TV 자극을 정상적인 것으로 생각하게 되고, 그로 인해 상대적으로 현실을 지루하게 느끼게 됩니다. 이는 주의력 결핍 과잉 행동 장애 아이들이나 집중력이 부족한 아이들에게 전형적으로 나타나는 현상입니다."

TV로부터 나오는 자극처럼 강하고 현란한 정보들은 아이의 뇌를 웬만한 자극에도 무덤덤하게 만들어서 일상생활에서 들어오는 정보들을 새로운 정보로 인식하지 못하고 억누르게 됩니다. 이렇게 TV나 동영상은 뇌의 발달에 전반적인 저해를 가져옵니다. 풍부한 뇌의 가소성은 우리에게 무한한 기회를 주지만, 무거운 책임도 부과한다는 사실을 꼭 기억하시기 바랍니다. 그렇기 때문에 되도록 TV나 영상 정보를 접하지 않게 하는 것이 좋습니다. 아이 뿐 아니라 주 양육자도 TV 없이 지내다보면 다른 활동을 하게 되고, 그렇게 되면 뇌 활동이 활발하게 이루어지므로 나이에 상관없이 긍정적인 영향을 미치게 될 것입니다.

자연에서 배우는 집중

TV와 스마트폰은 아이를 양육하는 부모님들에게는 큰 고민 거리입니다. 모든 책과 전문가들이 TV와 스마트폰이 아이들에게 좋지 않다고 하는데 아이들은 너무나 좋아하고, 보채는 아이들을 조용히 만들 수 있는 가장 쉽고 간편한 이 방법을 포기하기도 쉽지 않습니다.

제 지인 중 한분은 결단을 내리고 집에 TV를 없애셨는데 그 계기는 아이가 TV에 넋 놓고 있는 모습을 통해 자신이 TV에 빠져있는 모습을 본 그 순간이라고 하시더군요. TV를 통해 방송되는 컨텐츠들은 어른이건 아이건 거기에 푹 빠져들게 만듭니다. 그걸 제작하는 사람들의 목표가 그것입니다. 그리고 그러한 경향은 스마트폰으로 넘어오면서 한층 더 강화 되었습니다. 그렇기 때문에 영아기에 TV와 스마트폰은 더욱더 조심해야 합니다.

아이들이 TV나 스마트폰을 보고 있는 모습을 보면 거기에 집중하는 것 같지만 사실은 진정한 집중이 아닙니다. 현란한 시청각 자극에 무방비로 노출되어 있는 것 뿐입니다. 아이가 스스로 의미를 부여하고 처리할 수 없을 정도의 과도한 시청각자극에 노출되다 보면 학습 능력 장애나 ADHD를 유발할 수도 있다는 두려움을 가지고 경계해야 할 것입니다.

스마트폰이 지금처럼 대중화되어 있지 않던 시절에 아이들을 데리고 주변의 숲이나 산에 데리고 나가면 아이들은 꽃이나 벌레들을 한참 동안 바라보곤 했습니다. 아이들은 이렇게 자연 속에서 집중을 배우는 것이 가장 좋습니다. 지금도 전원생활을 하시는 분들을 보면 텃밭을 가꿀 때 아이들과 함께하시는 것을 볼 수 있습니다. 이야기를 들어보면 아이들이 억지로 끌려 나와 있는 것이 아니라 아이들도 그 활동을 신기해 하고 좋아한다고 합니다. 조용하고 안정된 분위기에서 무엇인가에 몰입할 수 있기 때문에 아이가 집중을 배우기에는 가장 좋은 환경입니다. 시각과 청각을 통해서 들어오는 정보가 단시간에 과도하게 많은 것도 아니고 촉감과 후각, 때로 미각까지 사용하기 때문에 오감을 골고루 자극할 수 있습니다. 식물과 곤충들은 대자연의 일부로 수많은 정보들과 연결되어 있기 때문에 아이는 자세히 보면 볼수록 많은 것을 배울 수가 있습니다. 아이는 자신이 감당할 수 있는 만큼의 정보들을 주체적으로 받아들이고 처리하게 됩니다. 겉으로 보기엔 평온하고 심심하기까지 한 풍경이지만 아이의 뇌는 가장 적극적으로 다이나믹한 움직임을 보이는 것입니다.

이 시기의 아이들은 신체 발달을 위해 끊임없이 움직여야 합니다. TV나 스마트폰 시청은 이러한 기회마저 빼앗아갑니다. 현란한 자극은 몸을 움직여 신체를 발달시키고자 하는 욕구까지도 잊게 합니다. 자연에서 시간을 보내는 것은 이런 면에서도 아이들에게 유익합니다. 아이가 울퉁불퉁한 길을 다니면서, 고개를 숙여 땅을 탐색하고 허리를 펴서 나무 위를 바라보며 아이는 신체도 건강하게 성장 할 수 있습니다. 요즘은 도시 생활을 많이 하기 때문에 자연 속에서 시간을 보내는 것이 쉽지만은 않은 것이 현실입니다. 자연으로 나가는 것이 여의치 않다면 퍼즐이나 블럭을 가지고 놀게 해줌으로서 집중하는 것을 배울 수 있도록 합니다. 퍼즐이나 블록은 정적인 활동이기 때문에 이 경우에는 촉감이나 후각을 자극할 수 있는 놀이, 신체활동을 할 수 있는 놀이도 부모님이 추가적으로 함께 해주시는 것이 좋습니다. 부모님과 같이하는 요리나 베이킹, 산책같은 활동이 도움이 될 것입니다.

이미 TV와 스마트폰에 익숙해진 아이들에게 갑자기 자연으로 가자고 하면 아이들은 엄청나게 심심해 할 수도 있습니다. 그런 경우에는 반려동물과 함께 한다던지 공놀이를 하는 방법으로 자연과 함께 있는 시간을 익숙하고 즐겁게 만들어 주어야 합니다. 그리고 자연이라고 해서 꼭 산속 깊이 들어간다거나 시골로 갈 필요는 없습니다. 근처 공원이나 개천가에만 가더라도 아이가 관심을 가지고 자연을 배울 거리들은 충분히 준비되어 있습니다.

올바른 식생활과 충분한 숙면

출생 후 이유식을 끝낸 뒤 아이는 음식을 섭취합니다. 이 과정에서 어떤 음식만 반복해서 먹는다면 다양한 음식의 맛과 향을 접하지 못하기 때문에 특정 음식만 선호하는 경향이 생기게 될 것입니다. 뇌의 대사량 그래프에서도 확인했듯이 영아기는 시냅스 형성과 더불어 뇌의 대사량이 활발해지기 시작하기 때문에 주요 에너지원인 단백질을 비롯한 주요 영양소가 골고루 함유된 음식을 아이에게 줘야 합니다. 물론 이 시기에 아이가 인스턴트나 패스트푸드를 접하게 된다면 자극적인 맛에 길들여져 버리기 때문에 이러한 음식에 대해서는 각별히 주의를 기울여야 합니다.

음식을 먹을 때에도 아이의 뇌발달에 중요한 습관을 들여야 합니다. 바로 **음식을 꼭꼭 씹어먹는 것**입니다. 음식을 꼭꼭 씹어먹는 것은 일종의 운동이기 때문에 자연스럽게 뇌도 활성화됩니다. 전두엽의 **1차 운동 영역에서 입이 차지하는 영역이 얼마나 넓었는지** 그리고 운동발달이 뇌발달을 돕는다는 것을 기억해 보면 이 이야기가 그렇게 허무맹랑한 것으로 생각되지 않을 것입니다. 그래서 아이가 음식을 씹어먹을 수 있는 나이임에도 불구하고 입과 치아를 움직일 필요가 없는 유동식만 먹이거나 아이가 밥 먹는 것을 귀찮아해서 무조건 일단 먹이려고 물이나 국에 말아서 먹이는 것은 한 번쯤 생각해봐야 되지 않을까 합니다. 이와 비슷한 이유로 요즘엔 포크를 사용하는 아이들이 많아지면서 젓가락을 잘 사용하지 못하는 아이들이 많아졌는데, 손의 소근육 발달과 뇌발달에 도움이 되는 젓가락질은 자연스럽게 익힐 수 있도록 하는 것이 좋습니다.

참고

25p

134

식습관과 더불어 수면 습관과 수면 환경도 결정적 시기의 아이에게 굉장히 중요합니다. 출생 전 엄마의 배 속에서 하루하루를 편안하게 보냈던 아이는 출생 후에도 겉으로 보기에는 굉장히 평안한 하루하루를 보내는 것 같지만 실상은 출생 직후 외부에서 물밀듯 쏟아져 들어오는 자극들을 접하고 또 그 자극들을 처리하며 시냅스를 형성하느라 내부적으로는 상당히 바쁘고 피곤한 하루하루를 보냅니다. 아이들은 이러한 피로를 수면을 통해 해소하고 낮 시간동안 썼던 에너지를 보충합니다. 이미 엄청난 양의 정보를 흡수하고 학습한 아이들은 일단 그 에너지를 보충할 수 있는 먹는 것과 자는 것이 제일 중요한 것입니다.

아이들은 이전의 경험이 존재하지 않는 상태에서 외부 환경으로부터 들어오는 정보를 기반으로 엉성하게 이어져 있는 시냅스를 형성하는 일종의 "건축"활동을 하기 때문에 금방 지칩니다. 따라서 **수면**은 이러한 **뇌 기능을 다시 재정비**해주는 역할을 합니다.

특히 빠른 안구운동이 일어나는 렘Rapid Eye Movement-REM 수면은 우리가 낮 동안에 배웠던 내용을 기억하게 하는 수면 상태입니다. 렘 수면 동안 뇌 활동 패턴은 낮에 학습하는 동안의 뇌 활동패턴과 동일하다는 연구 결과가 있는데 이것은 렘 수면 동안 학습한 것을 기억하는 해마가 학습한 내용을 복습하는 시간이기 때문이라고 합니다. 반복적으로 입력된 내용과 그렇지 않은 것을 구별하며 뇌가 효율적으로 시냅스 연결을 강화하는데 중요한 역할을 담당하는 해마는 이 렘 수면상태에 있을 때 활동합니다. 그러나 수면 시간이 부족할 경우 렘 수면 단계가 생략되는 경우가 많이 발생하면서 학습한 내용을 복습하거나 시냅스를 강화하는 과정이 약화됩니다. 수면 중 학습 시기인 렘 수면은 뇌의 기반을 다지는 기초 공사를 활발히 진행하는 아이에게는 아주 중요한 요소인 것입니다. 그렇기 때문에 아이는 12시간에서 많게는 하루의 대부분을 잠자는 일로 보냅니다. 아이의 성장 및 뇌발달, 그리고 장기 기억의 향상을 위해서 양육자는 아이가 숙면할 수 있는 환경을 조성해주어야 합니다. 아이가 잠들어야 하는 시기에는 주위의 환경부터 숙면을 쉽게 취할 수 있게 만들어주는 것이 좋습니다. 아이에게 충분한 수면 시간을 주는 것은 이후 유아기의 아이에게도 굉장히 중요합니다. 때로 아이들이 졸리지 않는다고 하면서 자려고 하지 않을 수도 있습니다. 그러나 이것은 아이들이 자각하고 있지 않을 뿐입니다. 충분한 잠을 자지 않으면 기억을 담당하는 해마의 성장이 둔해질 수도 있습니다. 그렇기 때문에 아이들이 자신이 괜찮다고 이야기하더라도 잠자는 시간을 충분히 확보하고 재우는 것이 중요합니다. 따라서 주 양육자가 잘 관리를 해 줘야 합니다. 수면이 부족한 상태였다고 하더라도 개선이 되면 다시 해마가 다시 성장하기 때문에 잠자는 시간을 충분히 주면 됩니다. 그렇다고 무작정 긴 수면 시간이 해마의 성장을 촉진시키는 것도 아닙니다. 연령별 적정 수면 시간을 잘 지켜서 그보다 너무 부족하거나 너무 오래 자지 않도록 주의해 주세요.

심리적으로 안정된 분위기와 일관된 양육 방향

아이에게는 감정을 조절하거나 감정을 인지하는 역할을 하는 전두엽보다 출생 이전 이미 발달이 거의 완성된 뇌 변연계가 담당하는 정서와 감정 활동이 주로 일어납니다. 웃음과 울음을 통해서 자신의 필요를 호소하고 관심을 유발합니다. 거울 뉴런이 발달하면 다른 사람의 행동이나 표정을 흉내내면서 다른 사람의 행위나 의도를 생각할 뿐 아니라 감정과 정서를 파악합니다. 그렇기 때문에 아이가 무언가 심각한 잘못을 하게 되면 화를 내는 양육자의 모습을 보고 눈치를 보는 것입니다.

그러나 자신이 잘못을 저지르지 않았는데도 양육자나 자신의 주변 환경이 위태롭고 긴장되는 분위기라면 아이는 불안감을 느끼게 됩니다. 부부 싸움이나 가정 폭력 등의 험악한 환경에서 아이들이 우는 이유는 불안감을 느끼며 긴장하면서 스트레스를 받기 때문입니다. 이런 상황에서 뇌는 코르티솔을 과다분비하여 아이의 두뇌발달 과정에 기억을 관장하는 해마에 손상을 주기 때문에 아이의 정서 안정과 뇌발달에서 안정적인 분위기는 아주 중요합니다.

더불어 감정과 정서 기능을 담당하는 변연계 발달과 관련있는 **안정적 애착 형성**은 스트레스를 잘 견디고 스트레스에 훨씬 더 신속하고 효율적으로 대처한다는 연구 결과가 있었습니다. 스트레스 대처 능력은 뇌발달과 아동발달에 있어서 행동 문제가 일어나지 않게 해주면서 좌절과 스트레스를 잘 극복하는 회복력에도 중요한 요소로 알려져 있습니다. 따라서 태어나자마자 어떻게 하면 똑똑한 아이로 키울 수 있을까 생각하며 인지발달과 학습만 중요시하는 것이 아니라 아이의 기분과 감정에 관심을 가지면서 아이와 상호작용하는 것이 앞으로의 교육과 학습을 위해서도 훨씬 중요하고 유익한 일입니다. 인지 발달과 조기 학습 등에 치우쳐 아이의 개인적인 관심사나 기분을 신경쓰지 않는다면 아이와 부모 사이의 건전한 애착관계가 형성되기 어려울 수 있기 때문입니다. 뇌의 시냅스가 가장 극적으로 형성되는 결정적 시기라는 연구 결과에만 집중해서 아이에게 조기 교육만을 강조하고 시행한다면 나중에 사회성 부족, 주의 산만 등의 현상이 나타날 수도 있습니다.

그렇지만 심리적 안정감을 줄 수 있는 분위기를 주는 것에만 너무 치우쳐서 아이들이 자신이 원하는 것을 갖지 못했을 때 바닥에 드러누워서 떼를 쓰거나 자기 멋대로 행동하는 아이들을 그대로 두어서는 안됩니다. 물론 아이들이라면 충분히 그럴 수 있습니다. 그렇지만 그러한 상황에서 아이가 불안감을 느낀다고 생각하면서 아이가 원하는 것을 무조건 들어주려고 하면 아이는 그 때부터 '떼를 쓰면 무엇이든 바라는 것을 얻을 수 있을 것'이라는 사실을 내재적으로 학습하게 됩니다. 그러면 앞으로 자신이 원하는 것을 얻기 위해서 무조건 바닥에 드러눕거나 떼를 쓰는 일이 자주 반복될 것입니다. 그렇기 때문에 아이들에게 어떤 반응을 보이고 무엇을 가르치느냐 하는 것이 중요합니다. 올바른 반응을 보이는 것으로 인해 아이는 변화될 수 있기 때문입니다. 그러한 변화의 과정에서 가장 중요하고 필요한 것은 꾸준한 인내심과 일관된 양육 방향입니다. 아이가 실제로 떼를 쓰게 된다면 양육자는 아이에게 전혀 관심을 두지 않은 척 해야 합니다. 그렇게 행동해봤자 아이 자신에게 돌아오는 것이 없다는 것을 깨닫게 해줘야 하기 때문입니다. 그러나 먼저 '떼를 써도 네가 바라는 것은 해주지 않을 것'이라고 말을 해주는 과정이 필요합니다. 동시에 아이에게 대안을 제시하면서 떼를 쓰지 않고 원하는 것을 다른 방식으로 요구하면 그에 따른 적절한 보상이 있다는 사실도 계속 인지시켜줘야 합니다. 그리고 그렇게 제시한 대안에 따라 아이가 자신이 원하는 바를 말한다면 가능한 그 요구를 들어주면서 그 대안을 잘 따른 아이에게 긍정적 반응을 보여주어야 합니다. 부득이하게 그런 요구를 들어줄 수 없는 경우에도 긍정적 반응을 보여주면서 아이의 요구를 들어줄 수 없는 이유에 대해서 상세히 설명하고 그에 관한 대안을 제시하는 것이 좋습니다.

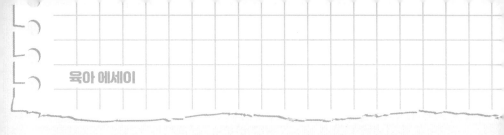

떼쓰는 아이 대처법, 약속과 규칙

마트에 가면 특정 골목, 장난감 코너 혹은 과자 코너와 그 주변으로 바닥에 앉거나 드러누워 부모님과 대치 중인 아이를 흔하게 볼 수 있습니다. 어릴 때는 번쩍 들어 안고 가버리면, 그래서 눈에 안 보이면 조금 칭얼거리다 쉽게 포기 하던 아이들도 이제는 어느 정도 커서 '저 모퉁이를 다시 돌아가면 내가 원하는 것이 있다!'는 것을 알고 있기 때문에 쉽게 포기가 되지 않습니다.

아이가 막무가내로 떼를 쓸 때는 약속을 하고 부모가 그 약속을 지키는 것으로 행동을 변화시킬 수 있습니다. 가족이 다 같이 장을 보러 간 마트에서 아이가 장난감을 사달라고 졸라서 장을 제대로 볼 수가 없다면 아이에게 "우리 가족에게 필요한 걸 다 사고 나서 장난감을 사자."라고 이야기합니다. 실제로 이 방법을 사용해 보신 부모님들의 피드백을 들어보면 처음에는 떼를 쓰던 아이도 생각보다는 잘 기다리더라는 이야기를 자주 하십니다. 장을 볼 동안 아이가 잘 기다렸다면 마지막에 아이가 원하는 장난감을 사줍니다. 그렇게 부모와 아이가 함께 약속을 잘 지켜서 신뢰를 쌓은 후에는 회수나 시기를 조절해 줄 수 있습니다. 다음과 같이 이야기 하면서 장난감 사는 것을 조절해 나갈 수 있는 것입니다.

"이번에는 장난감 살 시간이 없으니 다음에 마트에 왔을 때 사 줄게!"

"전에 산 장난감도 충분히 못 가지고 놀아 봤으니까 그거 좀더 가지고 놀고 다음 주에 오면 사 줄게!"

밤에 잠을 자지 않고 소꿉놀이를 하자는 아이에게 내일 아침에 일어나자 마자 소꿉놀이를 두 번 해준다고 약속하거나, 잠 자라고 책을 읽어주는 데 잠이 들기는 커녕 책이 더 읽고 싶어서 계속 "한 권만 더!"를 반복하는 아이에게 하루 3권만 읽고 자는 것으로 약속을 해서 효과가 있었다는 부모님들의 이야기를 들었습니다. 놀이터에서 계속 놀겠다고 고집부리는 아이에게는 "미끄럼틀을 다섯 번 타고 나서 집에 가자."라고 약속을 하고 그 다섯 번을 세면서 부모님이 정말로 신나게 놀아준다면 아이를 데리고 귀가하는 데 성공할 수 있습니다.

부모가 약속을 확실히 지킨다는 신뢰가 있으면 아이는 매 번 떼를 쓰지 않을 것입니다. 무엇보다 가장 중요한 건 약속을 지키는 것입니다. 부모님이 약속을 지키지 않는다고 느껴지면 아이는 더 절박하게 떼를 쓸 것입니다.

한가지 주의하실 점은 이것은 신뢰와 규칙을 만들기 위한 방법이지 부모가 아이에게 원하는 행동을 시키기 위한 보상은 아니라는 것입니다. 아이가 반드시 해야 할 일을 했을 때나 성적이 올랐다고 보상 으로 장난감 같은 것을 사주시는 것은 권하지 않습니다. 기초적인 예절이나 공부하는 습관을 기르는 일 등은 보상이 있든 없든 아이가 계속 해야 하는 일이기에 보상으로 아이를 통제하려다 보면 자칫 부작용이 있을 수 있습니다.

부모와 아이가 서로 간에 약속을 잘 지켜가는 것이 정착된다면 아이에게 규칙을 세우고 지켜나가는 것을 쉽게 알려 줄 수 있습니다. 가족만의 규칙을 만들어 보거나 생활 계획표를 짜보는 것도 가능해집니다. 하지만 아이가 지켜야 하는 규칙은 아이가 스스로 정해야 합니다. 아이가 정한 규칙이 부모님들 보시기에 말도 안 될 수 있지만 지금 중요한 것은 규칙을 지키도록 해서 부모가 원하는 것을 이루도록 하는 것이 아닙니다. 부모가 아이를 수월하게 통제하고 학습을 많이 시키기 위해서 강압적인 규칙을 만들어 강요하면 아이는 규칙을 '나를 얽매는 것, 벗어나야 할 대상'으로 생각하게 됩니다. 규칙은 나를 비롯한 모두를 위한 약속이라 여기고 기꺼이 규칙을 지키는 태도가 몸에 배도록 하는 것이 더 중요합니다. 그런 아이들은 청소년기에 일탈 행동에 쉽게 빠지지 않고 목표를 세워 스스로 공부하는 것도 잘 해낼 수 있을 것입니다.

3. 유아기 뇌의 특성과 양육

유아기 – 학습과 육아에 중요한 시기

영아기에 시냅스가 폭발적으로 성장하여 앞으로의 학습과 인지 발달을 위해 대뇌에 있는 네 엽(후두엽, 두정엽, 측두엽, 전두엽)의 기초 공사를 진행했다면 유아기에는 이를 기반으로 다양한 교육이 가능해지는 시기입니다. 따라서 자연스럽게 교육이 강조되는 시기이기도 합니다. 그러나 여기에서도 "다양한 교육"이라는 말을 오해하면 안됩니다. 시냅스의 성장 시기가 안정적으로 접어들었다는 것이 교육만을 중점적으로 해야 한다는 것이 아닙니다.

물론 유아기의 교육은 다양하고 풍부하게 이루어져야 하지만 그렇다고 보육과 양육에 전혀 신경을 쓰지 않은 채 교육만을 집중적으로 한다는 것은 아니라는 뜻입니다. 교육만을 중요시 여겨 온통 아이의 시간이 교육과 학습으로만 집중된다면 미래에 아이의 학습과 교육에 오히려 악영향을 끼칩니다. 유아기의 교육은 안정된 보육 환경과 육아 환경이 탄탄히 갖춰진 상태에서 진행되어야 합니다. 다만 유아기에는 양육보다 교육에 비중을 더 두어야 바람직하다는 것 뿐입니다. 여기에서도 영아기와 마찬가지로 유아기의 뇌발달에 대한 특징을 좀 자세히 기술하고 그에 따라 양육자들이 바로 알아야 할 교육과 양육 방향에 대해서 소개하도록 하겠습니다.

우뇌의 발달 – 상상력과 창의력 발현

참고
23p

유아기에는 **우뇌가 먼저 발달**합니다. 앞에서 **좌뇌와 우뇌의 역할이 명확하게 구분이 되어 있는 것은 아니라**고 말씀드렸지만, 그럼에도 불구하고 각 반구들이 어느 정도 전문적인 기능을 담당하고 있는 것은 사실입니다. **우뇌는 사물을 전체적인 형태로 인식하거나 리듬과 동작을 인식**하고 기존의 방식과 다르게 바라보는 창의력과 상상력에 관여합니다. 따라서 우뇌발달이 먼저 일어나는 유아기에는 어른들이 생각해 본 적 없었던 일에 대해서 물어보거나 이야기하는 경우가 종종 있을 수 있습니다. 같은 사물이나 환경, 상황을 보더라도 일반적인 방식이나 관점으로 이야기를 하지 않고 전혀 다르게 이야기하기도 합니다.

어렸을 때 저는 부모님께 "잠이 온다."라는 표현을 하지 않고 "눈에서 잠이 나온다."라는 말을 썼다고 합니다. 처음에 부모님은 그게 무슨 말인지 이해를 못하고 있다가 '잠이 오면 눈이 감기는 현상'을 "눈에서 잠이 나온다."는 표현을 써서 말했다는 사실을 깨달았다고 합니다. 이렇게 일반적이고 극히 자연스러운 현상임에도 불구하고 유아기 아이들은 창의적인 표현을 써서 새로운 시각으로 그 일들을 묘사합니다. 창의력과 상상력이 풍부해지는 유아기 아이들은 마치 시인처럼 말하면서 자신이 느끼는 바를 자유롭게 표현하기 때문에 아이의 표현력에 양육자들이 놀라게 될 수도 있습니다. 4세 이후에는 언어 영역인 브로카Broca 영역이 발달되어 정확히 말을 할 수 있게 되고 우반구가 함께 발달하기 때문에 이 시기에 아이와 양육자와의 대화가 의미있어집니다. 아이의 언어 활동에 주 양육자가 적극적이고 긍정적으로 반응하면 아이의 언어는 눈에 띄게 발전됩니다.

거울뉴런의 발달 – 상대방의 시점 인식

영아기 거울 뉴런의 발달이 아이가 어른들의 모습을 흉내내는 일을 하게 하는 데만 그쳤다면 유아기의 거울 뉴런은 아이가 성숙해지면서 타인의 모습을 흉내내고, 타인의 왜 그러한 행동을 하게 되는지 그 의도를 파악할 수 있게 됩니다. 상대방의 의도를 파악한다는 것은 상대방의 시점에서 상황을 인식할 수 있게 된다는 뜻입니다. 이것은 자신과 타인을 구분할 수 있고 동시에 타인의 감정과 상황을 공감할 수 있는 **공감 능력이 발달**한다는 것을 의미합니다. 타인의 행동을 모방한다는 것은 상대방의 표정을 모방하는 것을 포함하고, 이것은 상대방이 어떤 감정 상태에서 그러한 표정을 짓게 되는지를 자연스럽게 습득하는 것이기 때문입니다. 실제로, 신체적인 결함으로 인해서 타인의 표정을 따라하지 못하는 사람일수록 타인의 감정을 읽는데도 익숙하지 않다는 사실이 실험을 통해서 증명됐습니다. 거울 뉴런은 모방을 넘어서 타인의 감정을 같이 느끼고, 행동을 하게 되는 이유를 읽어내는 중요한 역할을 하는 것입니다. 그래서 이 시기에 아이들에게 동화책을 읽어주게 되면 마치 그 동화책의 주인공이 된 것처럼 상황에 몰입해서 이야기에 빠져드는 아이들의 모습을 볼 수 있습니다. 거울 뉴런이 발달해서 타인의 마음을 이해하고 공감할 수 있는 능력이 생겼다는 것은 앞으로 아이가 사회적 존재로서의 자아를 만들어가는 과정 중 매우 중요한 사실입니다. 다른 사람의 입장을 이해하고, 그 사람의 감정을 공감할 수 있다는 것은 "그 사람을 위해서 내가 무엇을 해 주는 것이 좋은가?"라고 생각하는, 상대방을 위한 배려도 생긴다는 것을 의미하기 때문입니다. 동시에 자신의 관점이 아닌 다른 사람의 관점으로 세상을 이해하며 자신의 감정과 충동을 억누르고 타인을 위로하는 한 사람의 개인으로 성장하는 근본이 됩니다.

전두엽 쪽 시냅스 형성이 더욱 활발해집니다

유아기에는 전두엽 쪽의 시냅스 형성이 활발해집니다. 4세 이후에 좌반구에 위치해 있는 언어를 담당하는 브로카 영역이 전두엽에 포함되어 있기 때문에 이 때부터 아이는 자신이 말하고자 하는 바를 정확하게 이야기할 수 있습니다. 창의력과 상상력을 담당하는 우뇌의 발달이 먼저 일어나긴 하지만 이후 발달되는 브로카 영역의 발달로 아이가 놀랍고 재밌는 이야기들을 주위 사람에게 할 수 있게 되는 것입니다. 전두엽이 자신의 감정을 통제하고 정서를 조절하는 역할을 한다는 것은 이미 여러 번 언급했습니다. 감정과 정서는 출생 이후 이미 완성 단계지만 감정과 정서를 조절하는 전두엽은 유아기에서야 성숙해지기 시작하기 때문에 아이들은 이 때가 되서야 자기가 하고 싶은 행동을 조금씩 억제합니다. 전두엽의 발달은 6세까지 이어지는데 아이는 이 때 자신의 일상생활에 반복적으로 일어나는 일들을 지속적으로 경험하고 관찰하면서 일관성 있는 법칙과 규칙들을 알아내기도 합니다. 자아를 확립하는 유아기의 아이들은 이제 자신의 일상적인 일들(자기 전 양치질을 하고 씻고 자야하거나 아침에 일어나서 잠옷을 갈아입는 일 등)을 양육자의 지시 없이도 할 수 있게 되면서 자신의 일을 스스로 하려고 하는 독립심도 더 강하게 나타납니다. 거울 뉴런의 발달로 타인의 감정을 공감할 수 있는 능력이 생겼지만 유아기의 아이가 이 때부터 일관적으로 자신의 감정을 통제하고 조절하며 타인의 마음을 이해하고 위로할 수 있다는 것은 아닙니다. 전두엽이 성숙해지는 시기이지, 완성되는 시기가 아니기 때문에 아이는 때로 자신의 감정과 충동을 억제하지 못하고 그대로 행동으로 표출하는 경우가 있습니다. 그럴 때 주 양육자가 아이의 행동을 보고 그에 대한 이유를 묻거나 책망을 한다면 아이는 자신을 최대한 합리화하는 거짓말을 할 수도 있습니다.

갓 생긴 동생이 사실은 얄미워서 세게 때려놓고도 그 행동의 이유를 묻는 주 양육자에게 "동생이 예뻐서 만져주었다."라는 것과 같은 거짓말입니다. 그러나 사실 이러한 거짓말도 사실은 동생이 얄미워서 때렸다는 사실을 주 양육자가 알게 된다면 마음 아파할 수도 있고, 혹은 자신이 혼날 것이라는 예측으로 인한 두려움으로 창의력과 상상력, 그리고 종합적 사고를 이용한 자기방어를 언어로 표현한 것입니다. 주 양육자의 입장에서는 이런 위선적 거짓말을 통해 자신의 행동을 변명하는 아이를 보면 기가 막히고 화가 날수도 있지만, 어찌 보면 이것은 정상적인 뇌발달 과정에서 일어나는 피할 수 없는 일인지도 모릅니다.

내가 할래

 아이를 양육하다 보면 이전에는 보이지 않았던 행동이 눈에 띄게 나타날 때가 있죠. 그리고 그 시기를 지나면 언제 그랬냐는 듯이 또 그러한 행동을 하지 않습니다. 유아기가 시작될 즈음 아이들은 모든 일을 자기가 하겠다고 고집을 부려 부모님을 힘들게 합니다. 그러다가 그 시기가 지나면 언제 그랬냐는 듯이 손 하나 까딱하지 않고 "엄마(아빠)가 다 해줘."라고 하며 부모님을 황당하게 합니다. 발달의 단계라는 것은 정말 신기할 때가 많습니다.

모든 일을 자기가 하겠다고 떼쓰는 그 시기는 부모님들께서 신경을 많이 써야 하고 손이 많이 가는 시기입니다. 부모의 도움을 거절하고 막무가내로 구는 와중에, 힘도 세지고 행동도 자유로워지며 말도 어느 정도 하기 때문에 부모님들이 '감당하기 힘들다'고 느끼실 수 있는, 육아 기간 중 아이가 얄미워지는 몇 번의 위기(?) 중 한 번입니다.

이 때는 크게 위험하거나 남에게 피해를 주지 않는다면 아이가 하고 싶다는 것을 최대한 허용해 주면서 문제 해결 능력을 키워주어야 합니다. 이 시기가 힘든 이유는 아이는 무엇이든지 하려고 하지만 아직은 발달이 다 이루어 지지 않았기 때문에 제대로 일을 처리해 내지 못하기 때문입니다. 부모님들이 다시 해야 하는 경우가 빈번하죠. 시리얼에 우유를 자기가 따른다고 하다가 우유도 쏟고 그릇도 엎는다던지, 자기가 빨래를 갠다고 하다가 그냥 뭉쳐서 돌돌 말아버린다거나, 강아지를 목욕시키겠다고 하다가 아이와 강아지가 엉망이 되고 욕실까지 온통 난장판이 될 수도 있습니다. 그래서 부모님들은 그냥 "내가 하는게 편하다, 넌 가만히 있는게 도와 주는 거다."라고 하실 수 있는데 아이에게는 좋지 않은 방법입니다.

아이가 자꾸 고집부리면서 자기가 다 한다고 하면 일단 허용해 주세요. 만약 실패한다면,
첫 번째 단계로 그 상황을 객관적으로 인식시켜 줍니다.
"네가 잘못해서 이렇게 되었어!"라고 이야기 하지 마시고 그냥 상황만 다시 정리해 말해 주는 겁니다.
그리고 "이제 어떻게 해야할까?"라고 물어봐 주세요.
이것 역시 화내면서 물어보시면 안됩니다. 아이를 존중하는 마음으로 물어봐 줍니다.
그러면 아이는 어느 정도 정답에 근접하게 이야기 할 겁니다. 그러면 아이가 그 일을 직접 할 수 있도록 해 주시고 부족한 부분만 도움을 주시면 됩니다. 이러한 과정들을 통해서 아이는 문제 해결 능력을 키워 나갈 수 있습니다.

예를 들면 이렇습니다.

"어머 네가 강아지를 목욕시키는데 강아지가 가만히 있지 않아서 욕실이 엉망이 되었구나. 너도 많이 젖었네."

"응, 강아지가 막 이렇게 이렇게 했어!"

"그래 이제 어떻게 해야 될까?"

"강아지를 마저 씻겨야 해!"

"그래 다시 한번 해볼까? 혼자 할 수 있겠어?"

"아니 엄마가 도와 줘!"

(강아지를 씻긴 후)

"이제 강아지를 씻겼으니 어떻게 해야 하지?"

"욕실을 정리해야지."

"물이 여기저기 튀었으니 어떻게 하지?"

"걸레로 닦아야지."

아이가 뭔가 해보려고 하다가 실패하였을 때 부모가 "내가 할 테니 넌 저리 가 있어!"라고 하신다거나 아이가 울면서 부모님에게 다 떠맡기고 "난 안할래!"라고 한다고 내버려 두시면 안됩니다. 아이가 되도록이면 혼자서 문제를 해결할 수 있도록 하고 아이가 할 수 없는 부분만 도와주시면 됩니다. 이 과정은 아이가 독립적인 성인으로 성장하기 위해 꼭 필요합니다.

문제해결을 위한 대화법의 확대

이러한 대화법은 아이가 일상적으로 "배고파!", "더워!", "추워!"라고 말할 때도 사용하실 수 있습니다. 아이가 일상에서 이러한 이야기들을 할 때 보통은 부모님들이 알아서 다 해 주시는 경우가 많습니다. 하지만 그런 방법보다는 아이 스스로 생각하고 문제를 해결하는 습관을 들이도록 해야 합니다.

한국에서 같이 부모 교육을 공부했던 선생님은 집에서 일을 하는 분이셔서 가끔 일에 집중하다보면 식사 시간을 깜빡하실 때가 있다고 합니다. 그러면 초등학생 아이가 엄마에게 와서 배가 고프다고 이야기를 하겠죠? 그때 그 선생님은 "그래? 배가 고프지? 어떻게 할까?"라고 물어보신다고 합니다. 그럼 아이가 "편의점 가서 뭐 사 먹을래요.", "아침에 먹은 카레 먹을래요."라고 이야기를 하면 선생님은 아이의 의견을 거의 따라 주신다더군요.

이런식으로 아이가 "더워요."라고 이야기했을 때도 아이에게 부모님이 "그래, 여기 좀 덥네, 어떻게 할까?"라고 물어보면 아이는 "겉옷을 벗을래요.", "창문을 열어야 될 것 같아요."라고 나름의 방법을 이야기 할 것입니다. 이러한 대화를 통해 아이가 스스로 문제를 해결하는 경험을 쌓도록 해 주시는 것이 좋습니다.

잔소리보다는 질문해 주세요

아이들이 어느 정도 성장하면 부모들은 잔소리를 많이 하게됩니다. 잔소리는 듣는 사람도 피곤하고 하는 사람도 기분 좋지 않습니다. 잔소리를 하기보다는 이러한 질문법으로 부모님들의 조급한 마음을 편안하게 할 수 있습니다.

일본에서 만난 한 어머니는 이러한 고민을 이야기 했습니다.

제 딸은 이제 곧 초등학교에 입학하는데 아이가 너무 느려서 걱정이에요. 유치원에 갈 시간이 다 되었는데도 혼자 앉아서 공상이나 하고 있고 겨우 준비시켜서 식탁에 밥을 먹으라고 앉혀 놨더니 이제는 이야기

하느라고 정신이 팔려서 밥 먹는데 하루 종일이 걸려요. 학교에 가기 전에 이런 버릇을 고쳐주고 싶은 데 아무리 이야기를 해도 듣지를 않아요.

저의 선배 부모 교육 강사들은 그 어머니에게 이런 질문을 했습니다. "아이의 행동을 정말로 고쳐야 하나요?"

아이는 자신의 성향대로 자신의 일을 해내고 있는 것입니다. 빨리 등원할 준비를 하고 밥도 빨리 먹어야 하는 이유가 혹시 어머니의 조급함이나 어머니가 맞춰야 할 다른 스케줄 때문인 것은 아닌지 질문한 것입니다. 아이도 자기 나름의 생각이 있고 본인 생각에 '이제 준비를 시작해야겠다.'라는 판단이 들 때 스스로 움직여서 준비를 시작합니다. 부모님은 아이에게 "유치원에 안 늦으려면 언제부터 준비를 시작해야 돼?"라고 질문만 해 주시면 됩니다. 부모님들이 이런 질문을 하긴 하시지만 대부분 질문 후에 아이가 스스로 생각할 시간도 없이 부모님 입장에서 답을 다 정해서 알려주시는 경우가 대부분입니다. 아이가 자연스럽게 스스로 생각할 수 있도록 질문을 많이 해주시면 아이의 생각하는 힘이 길러지고 행동으로 이어질 것입니다.

전반적인 대뇌피질과 뇌량의 발달

생후 3년부터 발달된 전두엽은 아이의 학습을 위한 준비 과정을 위해 전반적으로 성숙합니다. 각 대뇌피질의 기능에 대해서 자세히 다뤘던 내용을 더듬어 가면서 생각해보면 대략적으로 유아기의 아이들이 무엇을 할 수 있게 되는지를 예상해 볼 수 있을 것 같습니다. 우선 두정엽이 발달하면서 물체의 보이지 않는 면을 머릿속에서 회전해서 회전된 이미지를 상상할 수 있게 됩니다.

이것은 영아기 때부터 외부로부터 받았던 시각 정보들이 쌓여서 실제 시각 정보가 들어오지 않는다고 하더라도 자신이 갖고 있는 축적된 정보를 바탕으로 시각 정보를 재현해 낼 수 있다는 것을 의미합니다. 두정엽은 여러 계산 기능도 담당하고 있기 때문에 추상적인 시간 계산도 가능해지고 오늘과 지금이라는 현재의 시공간을 벗어나서 "내일"과 "모레"를 구별할 수 있는 관념적인 시공간에 대한 이해 능력이 생깁니다. 그래서 이 때쯤 아이들은 "몇 밤 자면 되냐?"라는 질문을 자주합니다.

사실, 유아기의 아이는 저 질문만 하는 게 아닙니다. 영아기의 뇌가 정보를 축적하는 일을 주로 해왔다면 유아기의 뇌는 현재 들어오는 정보를 처리해서 자신의 것으로 만들려고 하기 때문에 주변의 상황을 유심히 관찰하면서 주 양육자에게 **"왜?"**로 대표되는 엄청난 질문 세례를 합니다. 주 양육자에게는 상당히 피곤한 일이 아닐 수 없습니다. 그렇지만 이 때 모든 질문에 대해서 정확한 정보를 주려고 할 필요는 없습니다. 어차피 모든 질문에 대답을 할 수 있는 일도 불가능할 뿐더러 주 양육자가 모든 것을 과학적으로 상식적으로 설명해 줄 수도 없기 때문입니다.

오히려 그런 질문들에는 아이들이 한창 발달시키고 있는 상상력과 창의력 향상에 도움을 주는 반응을 해 보시기 바랍니다. "왜 하늘을 파래?"와 같은 질문에 "글쎄, 하늘은 왜 파랄까? 나는 잘 모르겠는데? ○○이는 왜 하늘이 파란 거 같아?"라고 대답한다면 아이는 자신이 가진 상상력을 동원해서 자신만의 답을 만들어 얘기해 줄 겁니다. 이런 질문에 대한 적절한 반응은 자신만의 답을 찾아 나가는 과정을 자엽스럽게 터득하면서 나중에 배우게 될 지식과 잘 조합시켜 다양하게 활용할 수 있는 탄탄한 기본기를 형성하는데 도움이 됩니다.

이 시기에는 좌뇌와 우뇌의 정보 교환을 도와주는 뇌량도 함께 발달하기 시작합니다. 뇌량의 발달과 전두엽의 1차 운동 영역의 발달은 반대 쪽을 통제하는 (좌뇌는 몸의 오른쪽 부분을, 우뇌는 몸의 왼쪽 부분을) 반구의 정보 교환을 활발하게 만듭니다. 그렇게 되면 아이는 미세하고 정교한 동작들을 균형감있게 수행할 수 있게 됩니다. 뇌의 발달과 외부 환경과의 상호 작용은 중요한 영향을 미치기 때문에 이 때에는 각 반구의 교류를 증진시키고 전두엽의 발달을 촉진시킬 수 있는 자극과 활동이 필요합니다.

그러나 여기서도 마찬가지로 어른의 입장에서 생각하는 정교한 운동과 활동이 아닌 아이의 입장에서 운동이 되고 자극이 되는 활동을 하는 것이 중요합니다. 그래서 어른들이 보기엔 별 거 아닌 것 같은 **자전거 타기나 공 주고 받기**와 같은 단순해 보이는 활동들이 뇌량의 발달과 전두엽 운동 피질 발달에 중요합니다. 그리고 이런 활동을 함께 공유하게 되면 아이와 주 양육자의 정서적 유대가 생기고 아이의 긍정적인 정서 발달과 건전한 정서 조절에 도움이 됩니다.

시냅스 밀도의 안정화 단계

영아기 때 폭발적으로 늘어난 뉴런 사이를 연결하는 시냅스 형성이 유아기에는 점차 안정기에 들어가게 되면서 연결 과정이 마무리가 되어 갑니다. 연결 과정이 마무리가 된다는 것은 끊임없이 들어왔던 외부의 반복적인 자극과 정보가 경험을 기준으로 강도가 약한 시냅스를 제거한다는 것을 의미합니다. 그래서 영아기에 급증한 시냅스의 밀도는 유아기에 감소합니다.

그러나 이 시냅스 제거는 뇌발달 과정에서 일어나는 필수적 단계이며, 이 시냅스 밀도 안정기를 지나면 아동기 때 시냅스의 기능은 계속 향상됩니다. 반복되지 않은 경험으로 인해서 뇌세포 사이의 연결이 존재하지 않는다고 해서 특정 기능이나 행동을 할 수 없는 것이 아닙니다. 뇌세포 사이의 연결은 다양하고, 뇌는 여러 그물망으로 연결되어 있기 때문에 시냅스 형성이라는 작은 것에 집착하거나 주의할 필요는 없습니다. 오히려 시냅스의 밀도가 안정되는 아동기에 아이에게는 엄청난 학습과 행동 변화가 이루어지고, 상상력이나 창의력이 급격히 발달하고 계산 능력이 발달되는 등 이미 형성된 시냅스를 기반으로 다양한 뇌의 기능이 발달하기 때문에 아이는 이로 인해 많은 것을 스스로 할 수 있는 존재가 됩니다. 시냅스 형성은 이미 끝났지만 이러한 시냅스는 고위 인지기능과 다른 기본적인 활동을 가능하게 하는 연결 상태를 유지하며 강화시켜 나가기 때문에 이를 위한 영양 공급 또한 필수적입니다. 이 시기엔 급속도로 증가하던 뇌의 무게도 안정감을 찾아갑니다. 이 때에도 아이들이 즐겨하는 간단한 놀이(모래놀이, 정글짐 타기)나 어린이집이나 유치원에서 또래나 교사와의 경험 그리고 가정에서의 경험이 시냅스 안정기의 시냅스 형성 및 완성과 중요하게 관련이 있습니다.

유아기는 학습과 양육의 균형이 필요합니다

뇌과학의 발달은 아이의 뇌가 어떤 시기에 어떤 과정을 통해서 어떻게 발달하는지 알 수 있는 중요한 정보를 제공하게 되었습니다. 이것은 아이를 양육하는 양육자들에게 유익한 정보를 제공하며 좀 더 현명하고 융통성있게 아이를 키우며 양육자와 아이 모두 행복한 시간이 될 수 있는 좋은 계기가 됐습니다. 그러나 이와 동시에 뇌발달에 관련된 지식들은 어떻게 하면 아이들이 더 많은 정보를 더 오래 기억해서 앞으로 학습을 더 잘할 수 있을지에만 관심을 기울이는 사람들을 많이 만들기도 했습니다. 결국 적지 않은 사람들이 뇌발달과 "교육", 그리고 뇌발달을 "학습"과 연결시켜 어떻게 하면 더 많은 지식을 자연스럽게 받아들여 손쉽게 공부를 하고 학업적인 측면에서 성공을 거두게 하느냐에 관심을 두게 됐습니다.

아이의 뇌발달 과정에서 **학습과 교육**은 **기본적인 뇌발달 및 성숙이 이루어진 뒤에 일어나는 것이 정상**임에도 불구하고 우리 나라에서는 "결정적 시기"와 "시냅스 형성", 그리고 "풍부한 경험"에 대한 잘못된 개념과 인식으로 인해 아이가 인격적으로 성장하고 성숙해야 하는 시기에 교육과 학습에만 전념하게 되었습니다. 교육과 학습에서 중요한 것은 좀 더 이른 시기에 더 많은 것을 경험하고 학습하는 것이 아니라 **적절한 시**

기에, 적절한 내용을, 적절하게 가르치는 것입니다. 어쩌다 뇌발달과 관련되어 좀 더 이른 시기에 더 많이 가르치는 것이 더 좋다는 의식이 생기게 되었을까요?

버클리 대학의 메리언 다이아몬드 박사는 아이들의 두뇌 안 시냅스 형성을 "매직 트리"라고 표현하며 두 집단의 쥐에게 각각 다른 환경을 제공하고, 각각의 환경이 쥐의 시냅스 형성에 얼마나 많은 영향을 미치는지를 알아보는 것을 목적으로 하는 연구를 진행했습니다. 일정 기간이 지난 후 각 집단의 쥐의 뇌를 관찰한 결과, 풍요로운 환경에 있었던 쥐의 뇌가 그렇지 않은 환경에 있었던 쥐의 뇌보다 시냅스의 연결이 25%이상으로 많은 것으로 나타났습니다. 이러한 실험 결과는 결국 뇌발달과 시냅스 성장 및 연결에 있어서 풍요로운 환경이 정말 중요하다는 것을 시사하고 있습니다. 이런 연구 결과로 인해 양육자들은 아이들의 시냅스 연결을 위해 풍요로운 환경을 제공하려고 했고, 풍요로운 환경을 학습과 교육에만 치우쳐 생각하게 되면서 너무 이른 시기에 아이들이 과도한 교육을 받게 된 것입니다.

이 연구의 결과나 시사하는 바가 잘못됐거나 이상하다는 것은 아닙니다. 그러나 이 연구의 의의를 제대로 이해하기 위해서는 각 집단의 쥐가 어떤 환경에서 있었는지를 다시 한 번 자세히 살펴볼 필요가 있습니다. 이 실험에서 사용된 풍요롭지 못한 환경은 좁은 우리 속에 아무것도 없는 상태였습니다. 즉, 주위에 쥐가 경험할 만한 어떠한 것도 없다는 것을 의미합니다. 반대로 풍요로운 환경은 쥐가 일상적으로 접할 수 있는 다양한 사물들—사다리나 블록, 막대, 인형—이나 다른 쥐 몇 마리가 있는 상태였습니다. **풍요로운 환경**은 말 그대로 풍부한 환경이 아니라 **일상적으로 접할 수 있는 것들이 주변에 존재하는 상황**을 의미하는 것이었다는 겁니다. 물론, 이 실험이 뇌발달에 물리적 경험 및 사회적 경험이 중요하다는 것을 의미함에 있어서 그 중요성을 무시할 수 없지만, "풍요로운 환경"에 대한 잘못된 개념은 아이들에게 필요치 않거나 오히려 해가 될 수 있는 학습을 강요하게 했습니다. 그러므로 주 양육자들은 다시 한 번 "풍요로운 환경"에 대한 개념을 다시 정립할 필요가 있습니다. 유아기는 어른들이 생각하는 일상적이고 일반적인 모든 상황, 일상, 주변 환경을 학습해야 하는 시기이자, 이를 토대로 다른 것을 학습할 수 있는 기반을 다지는 시기이지, 학습에 최적화되어 많은 양의 학습이 가능한 시기가 아닙니다.

그런데 이 시기에 주 양육자들이 기대하거나 계획한 대로 학습량을 늘려가며 교육을 과도하게 시킨다면 아이들은 학습에 집중하기 보다 본인이 원치 않은 일을 하게 되는 것으로 인해 부정적인 감정을 가지게 됩니다. 그래서 나중에 학습 내용보다는 학습 과정에서 유발된 부정적인 감정만 기억하게 됩니다. 그렇게 되면 아이는 진짜 학습을 해야 할 아동기에 학습 자체에 대해 거부감을 느끼게 되며 학습에 대한 부정적인 태도를 지니게 될 수 있습니다.

뇌발달 측면에서도 이러한 과도한 학습은 결코 좋지 않습니다. 이 시기에 과도한 학습은 스트레스로 이어지며 코르티솔 분비량을 증가시켜 단기 기억을 장기 기억으로 이동시키는 해마를 위축시키거나, 주위에 대한 경계나 각성의 뇌 영역의 활동을 증가시키기 때문에, 이런 경계나 각성의 뇌 영역 활동의 과도한 증가는 주의 산만이나 정서 불안 등으로도 이어질 수 있습니다(서유헌, 2000). 유아기의 아이들에게는 **일상적인 활동이나 놀이**를 통해서 **학습을 즐거운 것**으로 인식하게 하며, 주 양육자나 교사와 다양한 정서적 유대감을 갖게 하는 것이 더욱 중요합니다.

창의력과 상상력이 커 나갈 때 - 부모님의 감정을 이해 시킨다

현대 사회에서 가장 필요한 능력은 무엇일까요? 아무리 기술이 발달해도 우리는 인간 관계 속에서 살아가고 그 속에서 일도 합니다. 많은 사람들이 인간 관계 속에서 가장 필요한 능력으로 공감 능력을 꼽고 있습니다.

공감 능력이 있는 사람은 좋은 리더, 좋은 친구, 좋은 부모가 될 수 있지만 공감 능력이 부족한 사람은 그렇지 않아도 외로운 현대 사회에서 더욱더 소외됩니다. 지금 우리 사회의 심각한 문제인 소시오패스, 왕따나 사이버 블링 같은 것도 결국 공감 능력 부재에서 생겨난 것입니다.

공감이란 무엇일까요? 공감은 다른 사람의 마음을 상상하는 것입니다. 상상력이 커 나가는 유아기에 다른 사람의 마음을 짐작할 수 있는 능력을 키워낸다면 우리 아이는 공감 능력이 뛰어나고 배려심 있는 사람으로 성장할 것입니다. 그러기 위해서 이 시기에 가장 사랑하는 부모님의 마음, 그 감정을 잘 이해할 수 있도록 도와주면 어떨까요?

사실 아이를 키우다 보면 아이가 내 마음을 알아줘서 감동하는 때가 있습니다. 제 후배 중에는 학창 시절부터 털털한 성격에 외모를 꾸미는 것에는 큰 관심이 없어 보이는 친구가 있습니다. 그 친구는 딸을 키우고 있는데 지금 상상력이 커 나가는 유아기입니다. 이 친구는 육아도 힘들고, 원래 본인 성격대로 외모를 꾸미는 일에 관심이 없다보니 딸 아이한테 "내 친구 누구 엄마는 예쁜데…"라는 이야기를 종종 듣는답니다. 여자아이들은 예쁘게 꾸미는 것에 더 일찍 눈을 뜨는 경우가 많으니까요. 엄마가 꾸미지 않으면 예쁘지 않다고 생각하기도 합니다. 하지만 그러다가도 어느 날 엄마가 자기에게 잘해주고 기분이 좋으면 "사실은…엄마도 예뻐."라고 말해준다네요. 본인도 누가 예쁘다고 하면 기분이 좋으니까 엄마도 예쁘다고 얘기해 주면 기분이 좋을 거라는 걸 상상하는 거죠. 사실 상상력이 발달하기 전에는 다른 사람의 기분을 미루어 짐작하는게 쉽지 않습니다. 이렇게 '아이가 내 마음을 알아주네!'라고 느끼신다면 본격적으로 부모님의 감정을 이해시키는 연습을 해서 공감 능력을 발달시킬 때가 온 것입니다.

좋은 부모가 되기 위한 교육을 들으면 반드시 나오는 이야기가 'I 메시지'입니다. 주어를 '나'로 해서 이야기를 하라는 것으로 모두들 한 번씩은 들어보신 내용일겁니다. 예를 들어 아이가 무언가 잘못했을 때 "넌 도대체 왜 그러니, 정말 나쁜 아이로구나!"라고 '너'를 주어로 해서 이야기하면 보통 부모고, "나는 오늘 너의 그런 행동으로 인해 마음이 무척 아프구나!"라고 말하면 좋은 부모라는 것입니다. 정말 그럴까요? 많은 부모님들이 'I 메시지'로 아이에게 말하면 아이들의 반응은 "엄마, 왜 그래? 이상해!"라고 하거나 좀 크고 말을 잘하는 아이들은 "어디서 교육 받고 오셨어요? 그냥 하던데로 하세요."라고 합니다. 이러한 교육을 하시는 분들이 대부분 외국에서 공부하셨거나 번역된 외국책을 통해 공부하신 분들이다 보니 예시로 나오는 문장들이 번역된 말투의, 우리가 흔히 쓰지 않는 문장인 데 그 이유가 있을 것입니다. 또 다른 이유가 있다면 주어가 '나'냐 '너'냐에 지나치게 집중하다보니 문장이 자연스럽게 나오지 않아서 그런 것입니다. 'I 메시지'를 사용한다고 해도 당연히 말투와 쓰는 단어는 평소에 쓰던 말투와 단어들이어야 합니다. 문제는 그 안에 담겨지는 내용인데요, 아이의 말과 행동에 대한 평가가 아니라 그것으로 인한 부모님의 솔직한 감정을 담아서 이야기 하는 것이 핵심입니다. 가장 흔하게 주차장이나 차가 다니는 골목에서 아이가 뛰어다니다 차에 부딪힐 뻔 했을 때 깜짝 놀란 부모님이 이렇게 이야기합니다.

"뛰지 말랬지? 말을 왜 그렇게 안들어? 죽고 싶어?"

좀 격한 표현을 쓰시는 부모님들이 생각보다 많습니다. 너무 놀라고 화가 나서 그러시는 거겠죠. 하지만 아이들은 이 문장을 들으면 상처를 받게 됩니다. 이 말에는 부모님의 '나쁜 아이'라는 평가가 들어 있기 때문이죠. 사람은 누구나 상대방이 나를 평가하고 있다고 느끼면 위축되어 안으로 숨어버립니다. 부모님이 많이 놀라셔서 처음에는 화를 내셨더라도 그 후 아이에게 부모님의 솔직한 마음을 이야기 해주시면 됩니다. 부모님의 솔직한 마음은 무엇인가요? 부모님도 아이처럼 놀랐습니다. 아이가 다칠까봐 걱정이 되고 다음에 또 이런 일이 생기고 운이 좋지 않아 크게 다친다면 견디기 힘들 정도로 아플 것입니다. 그러니 그냥 "놀랐지? 엄마(아빠)도 많이 놀랐잖아. 이제 뛰지 말고 잘 보고 다녀!"라고 말해 주는 것이 좋습니다. 아이가 어느 정도 성장 했기 때문에 부모의 기분을 헤아릴 수 있습니다. 그리고 부모님의 그런 화법에 아이들이 익숙해진다면 아이들도 학교나 사회에서 어려움을 겪을 때 자신의 감정을 부모에게 잘 털어놓을 수 있을 것입니다.

내가 상상한 그 사람의 마음이 실제 그 사람의 마음과 같음을 알았을 때, 내 마음을 상대방이 상상해서 알아주었을 때 우리는 벅찬 느낌을 가지는데 그것을 흔히 '감동'이라고 합니다. 저는 아이를 키울 때 부모님과 감정을 서로 솔직하게 나누는 아이로 성장시키는데 가장 많은 노력을 해주시는 것이 첫 번째라고 생각합니다. 그런 아이들이 부모님을 감동시키고 세상을 감동시킬 아이들이기 때문입니다.

아이의 호기심을 죽이는 양육과 학습은 자제하세요

아이들에게는 저장되어 있는 정보가 없습니다. 주위의 모든 것들이 새로운 정보이자, 새로 저장해야 할 정보들이기 때문에 어른들이 평범하게 접하는 모든 것들이 아이들에게는 학습의 대상입니다. **학습**이라는 것은 **외부에서 들어온 정보를 기억하는 것**을 뜻하는데 인간은 기본적으로 의미를 중심으로 정보를 기억하는 것이 쉽기 때문에 정보를 잘 기억하기 위해서 하나의 의미있는 정보와 사건으로 정보나 상황을 해석하고 저장하려는 경향이 있습니다. 그렇기 때문에 주위의 모든 것들을 기억하고 학습하기 위해서 아이들은 주변의 상황과 사물들을 의미있는 정보로 인식하고자 노력합니다. 외부의 환경을 의미있는 정보로 인식하고자 하는 노력은 아이들이 이전에 경험하고 학습했던 것을 기반으로 의미를 만들어내는 것을 포함합니다. 그래서 주위의 사물들을 자신이 아는 것과 연합하여 기억하고 인식하려고 하는 것입니다. 그래서 아이들은 일상을 모두 궁금해 하고 그것을 자신의 것으로 만들기 위해 끊임없이 질문하고 의미를 탐색합니다. 이러한 아이들의 호기심이 창의성과 상상력과 결합하여 기상천외한 말들을 하곤 합니다.

그러나 이때, 아이의 말을 귀담아 듣지 않고 귀찮아 하거나 오히려 핀잔을 한다면 아이는 그러한 양육자의 부정적인 반응 때문에 그런 말을 하는 것을 자제하게 됩니다. 그것은 바로 아이의 호기심을 죽이고, 개인적인 의미 탐색을 통해서 정보를 쌓아가고 기억하는 것을 억제하는 행위가 됩니다. 주 양육자는 아이의 창의성이 발휘될 수 있도록 격려하고 도와주면서도 주의의 일상적인 규칙들에 대해서 자세히 설명해 주고, 그 규칙들을 학습해서 아이 스스로 그 규칙들을 적용할 수 있도록 도와주어야 합니다.

그렇다고 아이의 기상천외한 말들과 일상적인 호기심에 과도하게 감탄하여 "우리 아이가 천재가 아닐까"라는 생각에 뇌발달이나 인지 발달 단계와 전혀 관계 없는 학습을 시키는 것도 옳지 않습니다. 그러한 과도한 학습은 아이들이 주위 환경을 탐색하며 전두엽을 활성화시켜 상상력을 키워가는 활동이 주로 이루어져야 하는 유아기에 오히려 상상력을 억제시키고 창의성을 죽이는 효과를 가져오게 됩니다. 상상력과 창의력을 더 키운다는 이유로 유아기부터 한글을 가르치는 경우도 많은데, 유아기에 한글을 배우게 되면 한글이 가리키는 지시 대상과 의미를 한정하게 돼서 오히려 아이의 다양한 표현 방식을 죽이게 됩니다. 앞에서 이야기했던 "눈에서 잠이 나온다"라는 말을 다시 한 번 예를 들어 설명해 보겠습니다. 만약 제가 그 때 이미 한글을 배워서 "잠이 온다"나 "졸립다"는 표현을 쓸 줄 알았다면 "눈에서 잠이 나온다"는 창의적인 말을 할 수 있었을까요? 그 상태를 표현할 수 있는 한글을 이미 배워버렸기 때문에 아마 그런 표현을 하지 못했을 것입니다. 그렇기 때문에 한글은 창의성과 상상력이 충분히 발현된 뒤, 언어 능력이 거의 완성되어 가는 6세 이후에 배우는 것이 바람직합니다.

더 심각한 것은 **뇌발달의 단계적 변화와 그 변화에 따른 양육 및 교육, 학습의 정도 및 강조가 달라야 함**에도 불구하고 현재 유아기의 많은 아이들은 한글 뿐 아니라 영어를 배우는 것이 일상이 되어버렸다는 것입니다. 일상의 활동과 운동만으로도 이미 충분한 학습을 하고 있는데 그 상황에서 한글과 영어를 배우게 된다면 어떻게 될까요? 정확한 비유가 될 수는 없지만 하루종일 고단한 직장 생활을 마치고 다시 영어 학원에 가야 하는 직장인들처럼 과도한 피로감으로 인해 영어나 한글이 학습 효과가 나타나기는 커녕 물리적인 학습량만 증가하게 되어 다양한 사고의 과정으로 전두엽을 자극하는 종합적이고 창의적인 교육과는 오히려 거리가 멀어지게 됩니다.

현재 우리 나라 유아기의 아이들이 경험하는 학습 활동의 대부분은 학습이 폭발적으로 이루어지는 아동기에 이루어져야 할 내용들입니다. 우뇌가 한창 발달하는 유아기 아이들에게 논리적이고 분석적인 면을 요구하는 학습이 이루어지면 아이들의 창의성과 정서를 고려한 발달이 제대로 이루어질 수 없습니다. 주위의 다른 사람들이 이 시기에 교육을 하니까, 하지 않으면 불안하니까 학습 활동을 해야 한다는 압박감을 느낄 필요가 없습니다. 마음을 편안하게 갖고 아이와 즐거운 시간을 같이 보내려고 노력하시기 바랍니다. 그것이 바로 유아기에 이루어져야 할 가장 효과적이고 중요한 학습 활동이라는 것을 꼭 기억하십시오.

아이의 언어와 행동에 긍정적으로 반응해 주세요

유아기 아이에게 풍부하고 풍요로운 환경이란 아이의 학습을 위해서 다양한 교구나 교재를 제공해 주는 것이 아닙니다. 일상 생활에서 아이들이 겪는 일들에 대해 아이가 창의력과 상상력이 넘치는 말과 행동을 하는 것, 아이들이 어른들에게 하는 질문에 주 양육자들이 귀찮아하거나 핀잔을 주는 등의 부정적인 반응을 하지 않고 인내심 있고 침착하게 아이의 언행에 관심을 기울여주면서 반응하는 것 그 자체입니다. 이와 더불어 아이가 어떤 것을 "선택"할 수 있다는 분위기를 만들어 주며 **아이가 주도권을 가지고 있다는 것을 아이에게 인식**시키며 스스로 선택할 수 있게 하는 것이 중요합니다. **스스로 선택**을 했다는 사실은 어떤 일을 스스로 할 수 있게 도전 의식을 갖게 하고 동기를 형성하는데, 이러한 자의식들은 뇌가 고차원적인 기능을 하는데 아주 중요한 요소입니다.

물론 유아기 아이들은 어떤 일을 스스로 선택해서 시작한다고 해도, 그 일을 제대로 하지 못할 수도 있고, 그 일을 끝까지 해내지 못하기도 하며 금세 다른 일에 관심을 보이고 그 이전 일에 싫증을 느낄 수도 있습니다. 그러나 그럴 때에도 "넌 뭔가를 끝까지 하는 법이 없구나."라던가 "하던 거 끝내고 해야지, 정신 사납게 이게 뭐니?"라는 부정적인 반응과 핀잔과 꾸지람을 주는 것보다 긍정적으로 아이를 격려하고 본인이 선택해서 시작한 일을 끝까지 완수할 수 있도록 격려해주고 응원해주는 것이 중요합니다. 부정적인 반응과 핀잔은 아이에게 앞으로도 주도적이고 도전적인 일을 할 수 있게 하는 것을 방해합니다. 그러한 반응으로 이미 아이들의 감정은 상해버리고 그러한 감정을 다시 느끼지 않으려면 선택과 도전감을 갖지 않는 것이 더 나은 것이라고 아이 스스로 판단하기 때문입니다. 이와 반대로 긍정적인 반응과 격려는 우뇌발달이 우세한 유아기의 정서 발달에 중요하고 긍정적인 영향을 미칠 것입니다.

때로 아이에게 선택권을 주려고 노력했는데 아이가 무엇을 해야 할지 모르고 망설이면서 양육자의 눈치를 볼 때가 있습니다. 이런 경우는 아이가 무엇을 선택해야 할지 모르거나, 혹은 무엇을 선택해야 양육자의

예쁨을 받을 수 있을지를 고민하는 것입니다. 이 때에는 아이가 무엇을 필요로 하고, 무엇을 원하는지 스스로 생각해볼 수 있도록 장려하는 것이 중요합니다. 사실 양육자는 아이가 무엇을 필요로 하는지 무엇을 원하는지를 이미 알고 있는 경우가 많습니다. 아이의 평소 행동을 잘 지켜봤다면 아이가 자주 하는 것, 즐겨 하는 것이 아이가 필요하고 즐겨하는 것이기 때문입니다. 그러나 아이가 무엇을 필요로 하고 원하는지 양육자가 알아서 선택해서 아이에게 무조건 제공하는 것보다 아이에게 생각하고 판단하고 선택하게 하도록 유도하는 것이 매우 중요합니다. 아이가 스스로의 필요와 욕구를 발견해서 그에 따라 행동하는 것은 아이의 도전적이고 진취적인 성향을 고조키시고 능동적인 활동을 유도하면서 동시에 뇌발달의 활발한 촉진을 이끌어 내는 것입니다. 물론 아이가 생각하고 판단하는 과정이나 시간이 어른들보다 상당히 오래 걸리는 일이기 때문에 이 과정이 지리하게 생각될 수도 있지만 **아이를 양육하는 데 있어서 가장 필요한 것은 인내심**이라는 것은 잊지 않아야 합니다.

아이와 다양한 활동을 같이 하세요

유아기 아이는 전두엽과 우뇌가 다른 부위보다 우세하게 발달하기 때문에 매우 다양한 행동을 할 수 있습니다. 어른이나 양육자의 도움 없이 균형을 잡을 수 있고 소근육까지 완전히 발달해서 모든 세밀한 동작이 가능해지기 때문에 종이접기나 가위질부터 그림을 그리는 일도 가능해집니다. 뿐만 아니라 음악을 들으면 리듬을 타며 율동을 하기도 하고, 거울 뉴런의 발달이 왕성해지기 때문에 다른 사람의 행동을 정확히 흉내내기도 합니다. 아이가 이런 다양한 활동을 할 때 주 양육자는 이런 활동을 장려하고 응원하며 아이가 하는 행동에 자신감을 갖게 해줘야 합니다.

유아기는 우뇌의 발달과 전두엽에 있는 언어 영역의 발달로 언어적 창의력과 상상력이 두드러지게 나타나는 시기입니다. 앞서 이야기했듯이 아이가 말을 할 수 있다고 해서, 그리고 언어를 통해서 기발한 상상력과 창의력을 표현한다고 해서 이를 장려하려는 목적으로 한글을 가르 치려는 시도는 오히려 아이의 상상력과 창의력을 죽일 수 있는 행위라는 것을 기억해야 합니다.

이 때에는 오히려 자신만의 언어로 상상력과 창의력을 발휘할 수 있도록 해줘야 합니다. 일상적인 이야기를 하다가도 그 이야기에 자신의 상상력을 넣어서 이야기를 재미있고 풍성하게 만들게 하거나, 한 주제를 가지고 이야기를 만들어 보면서 언어적 사고를 활발하게 할 수 있도록 도와줄 수도 있습니다. 그림 카드 같은 것을 활용해서 이미 순서가 정해져 있는 이야기를 해 주는 것보다는 아이가 자신이 생각하는 대로 이야기를 꾸며서 그림 카드를 조직하게 하는 것도 창의력과 상상력을 증진시키는 좋은 방법이 될 수 있습니다. 제 조카는 이 시기에 저와 함께 스무고개 놀이를 즐겨 했는데, 본인이 생각해 놓은 정답을 여러 언어를 사용해가면서 저에게 설명하면 조카가 무엇을 생각했는지 맞추는 것이었습니다. 이 또한 유아의 언어적 사고 확장에 도움을 주는 놀이라고 할 수 있습니다.

이 외에도 집안에서 흔히 볼 수 있는 물건을 이용해서 무언가를 만들어 보거나 아이가 어떤 것을 만들었다면 그것이 무엇인지 설명해 달라고 하거나 하나의 이야기를 같이 만들어보는 등 아이의 상상력과 창의력을 촉진시킬 수 있는 일상적인 활동들은 매우 다양합니다. 이 때에는 아이가 자연스럽게 알아서 무엇인가를 만들거나 자신이 생각한 이야기들을 끊임없이 이야기합니다. 중요한 것은 아이가 무엇인가를 제대로 만들지 못하거나, 그 과정에서 집안이 어지러지거나 무엇을 망가뜨려도, 이야기가 말이 되지 않더라도 그 행동을 과도하게 나무라지 않아야 한다는 것입니다.

아이를 키우는데 있어서 최근 가장 큰 고민 거리 중의 하나인 "게임"에 대처하는 방식에도 이러한 다양한 활동을 아이와 같이 하는 것을 적용해 보세요. 물론 "게임"은 워낙에 중독성이 강하기 때문에 한 번 하기 시작하면 그만두게 하는 것도 어렵고 시간을 조절해서 하게 하는 것도 어렵습니다. 두뇌발달이 한창 일어나고 있는 아이들에게는 게임이 좋은 영향을 미치지 않기 때문에 계속 게임을 하게 두는 것도 분명 좋은 일은 아닙니다. 그러나 게임하는 아이를 무작정 다그치며 혼내는 것은 오히려 역효과를 낳게 됩니다. 그래서 다양한 활동을 아이와 같이 함으로써 세상에는 게임보다 더 재밌고 흥미로운 활동이 많이 있다는 것을 경험하게 해 줘야 합니다. 다양한 활동을 한다고 해서 게임을 하는 아이가 바로 그 활동에 흥미를 느끼면서 게임을 그만두는 것은 아닙니다. 오히려 주 양육자가 열심히 노력함에도 불구하고 게임만 하고 있는 아이들이 있을 수도 있습니다. 그러나 그런 상황에서도 감정적으로 대응하지 말고 인내심을 가지며 꾸준히 그런 다양한 경험들을 시켜주는 것이 무작정 게임하는 것을 금지하고 혼내는 것보다 아이에게도, 주 양육자에게도 건강하고 안정적인 방법입니다.

양육자의 언행, 정서 조절도 매우 중요합니다

유아기에는 전두엽의 언어 관련 영역과 정서 조절 및 자의식 영역이 발달하기 때문에 이 시기에 아이들의 언어는 눈부시게 발전합니다. 이전에 아이가 자신이 원하던 것, 하기 싫은 것에 대해서 무턱대고 짜증을 내거나 울어버리면서 자신의 감정을 "분출"했다면 유아기가 되면서 아이는 자신의 감정을 언어로 표현할 수 있게 되고 양육자와의 대화가 자연스럽게 이루어집니다.

양육자와 아이의 원만한 상호 작용은 아이로 하여금 언어 표현력을 풍부하게 하고, 언어 발달을 눈부시게 이뤄낼 수 있게 해 줍니다. 그렇기 때문에 이 시기에 주 양육자와 아이가 어떤 형태로 상호 작용을 하는지가 굉장히 중요합니다. 이 때 아이의 언어 발달은 단계적이고 논리적으로 이루어진다기 보다는 상황과 자신의 감정을 위주로 이루어집니다. 즉, 체계적으로 언어를 사용한다기 보다 상황에 따라서 자신이 느끼는 감정에 따라 단어를 사용한다는 뜻입니다. 언어 표현이 풍부해지긴 하지만 상황에 적절하게 언어를 구사할 수 있는 능력은 약하기 때문에 비슷한 단어라도 어감이 다른 언어에 대한 차이점을 구별해내지 못하고 단어를 잘못 쓰는 경우도 발생합니다. 자꾸 조카를 예로 들게 되는데 제 조카는 이 때쯤 제게 가끔 "고모"라는 말 대신 "언니"라는 말을 썼습니다. 저를 만나기 전엔 아이의 주위에 있는 "자신보다 나이가 많은 여자"를 "언니"라고 통칭해서 불렀기 때문입니다. 저는 "자신보다 나이가 많은 여자"이긴 하지만 "언니"는 아니기 때문에 그 단어를 쓰면 안되지만 상황상 비슷하기 때문에 "언니"라고 불렀던 것입니다. 그러나 이러한 표현은 유아기가 지나면서 점차 사라지거나 스스로 오류를 수정하기 때문에 굳이 걱정할 필요가 없습니다.

주의해야 할 사항은 아이의 풍부한 언어 표현이 오히려 주변 분위기를 악화시킬 때 양육자들의 반응입니다. 아이들은 아직 상황에 따라서 어떻게 말을 해야 적절한지 부적절한지에 대한 개념이 존재하지 않습니다. 그렇기 때문에 조심스럽게 해야 할 말도 거침없이 하는 경향이 있죠. 이런 아이들의 솔직한 표현은 주변 사람들이나 양육자, 혹은 교육자의 상황을 난감하게 만들 때가 있습니다. 그럴 때 아이에게 무조건 면박을 주거나 꾸짖는 것 보다는 다른 사람의 기분을 나쁘게 하지 않는 방법을 가르치는 것이 중요합니다. 이 때 다른 사람의 기분에 대해서 생각해 보는 시간을 갖게 하면 거울 뉴런의 발달과 다른 사람의 감정을 공유하는 뇌발달을 더욱 활발히 촉진시키는 좋은 수단이 될 수도 있습니다. 이런 방법을 활용한다면 아이의 정서 조절 훈련도 촉진되기 때문에 전두엽의 발달을 더욱 활성화 시킬 수 있습니다.

중요한 것은 이 시기에 양육자들도 자신의 감정에 휘둘리지 않고 일관성있는 방향으로 아이들을 훈육하고 양육해야 한다는 점입니다. 양육자들도 인간이기에 기분이 항상 좋을 수 없고, 어떨 때는 우울하고 화가 날 때도 있지만, 그런 감정들을 아이에게 전가시키면 안 됩니다. 유아기의 아이들은 정서 발달에 민감한 시기이기 때문에 양육자의 감정과 정서에 따라 아이들의 정서 발달과 정서 조절에도 큰 영향을 미칩니다. 유아기 아이는 아이일 뿐, 어른이 아니고 아직 한참 배우고 무엇인가를 깨우쳐 가는 과정이기 때문에 무엇이든 서툴고 완벽하지 않습니다. 더욱이 주변 환경을 통해서 무엇인가를 끊임없이 배우는 과정에 있는 아이들은 자신들이 해야 할 일에 대해서 잠시 잊고 주변의 상황에 관심을 더 쏟거나 주의를 돌리는 경향도 많이 있습니다. 이럴 때 양육자들은 화를 내면서 아이의 행동에 면박을 주는 경우가 있습니다. 그렇게 되면 아이들은 자신이 무엇을 잘못했는지, 무엇을 해야 하는지에 대한 자각이나 자신의 감정 표현없이 무작정 불안해하고 주저하게 됩니다. 그렇게 되면 아이의 정서 발달 및 정서 조절에 악영향을 미치게 되는 것입니다.

　주 양육자는 아이에게 **의미있는 타인**입니다. 그렇게 중요한 존재가 자신을 어떻게 생각하는지, 자신을 어떻게 대하는지가 아이에게 중요합니다. 일관성 없이 감정에 따라 행동한다면 아이는 그러한 행동을 하는 양육자에 대해 불안한 생각을 가지게 됩니다. 자신이 어떤 행동을 하느냐에 따라서가 아니라 양육자의 감정에 따라서 그 행동양식이 달라지게 된다면 아이 또한 일관적인 법칙이나 생활 습관을 만드는 데 혼란을 겪게 됩니다. 그렇게 되면 아이는 양육자의 감정이나 언행에 따라 자신의 행동을 수정하게 되며 타인의 눈치를 보게 되는 지극히 불안정한 정서 상태로 발전하게 됩니다. 이러한 행동이 계속적으로 관찰되면 나중에 이 아이가 자라서 양육자의 행동을 그대로 따라하게 됩니다. 따라서 아이의 안정적인 정서와 지능 발달을 위해서는 정서적으로, 언어적으로, 행동적으로 일관되게 아이와 함께 활동하는 것이 매우 중요합니다.

영유아의 뇌는 외부 환경의 자극으로부터 계속 관심을 기울이며 그 변화에 따라 자신 또한 조절해가기 때문에 "의미있는 타인"인 양육자가 어떤 양육을 하느냐에 따라 아이의 선천적인 성향이라는 것이 바뀔 수도 있습니다. 이것은 뇌발달의 "결정적 시기"와도 맞물려 있습니다. 영유아의 발달은 아이 스스로가 아니라 주 양육자의 양육 방식과 그 주변 환경으로부터 오는 외부 자극, 그리고 반응에 따라 그 방향성과 내용이 달라지기 때문에 아이를 어떤 방식으로 대하고 어떻게 양육하느냐는 결국 어떤 아이로 키울 것인가를 결정하는 것입니다.

작은 성공을 계속해 가는 '자신감 있는 아이'

이 책의 처음부터 끝까지 나온 이야기들을 하나로 정리하자면 '경험하게 하라!'라고 할 수 있을 것입니다. 아이의 유아기가 끝나갈 즈음 부모님들이 해 주셔야 하는 일은 이러한 경험들을 아이가 하나로 엮어서 **성공하는 버릇**을 만들어 가도록 돕는 것입니다. 아이가 하는 성공은 어른들이 보기에는 무척 작은 일들일 수 밖에 없습니다. 하지만 나중에 어른이 되어서 보다 중요한 일들을 성공하기 위해서는 이러한 **작은 성공의 경험**들을 많이 쌓아 나가는 것이 중요합니다.

아이가 유아기를 마칠 때 쯤에는 어른처럼 성숙한 모습은 아니지만 아이들은 어느 정도 독립성도 갖추고, 규칙을 이해하고 지키면서 인내심도 가지게 되고, 상대의 감정을 알고 배려할 줄도 알게 됩니다. 아이가 이렇게 많은 것을 갖춘 것을 느끼신다면 이제 아이가 어떤 일을 하더라도 아이를 믿고 지지해 주셔도 되는 때가 온 것입니다. 어떤 일이건 끝까지 해낼 수 있도록 믿어 주시고 아이에게 "나는 너를 믿는다."라는 격려의 말도 많이 해 주시는 것이 좋습니다.

그런데 아이가 실패하면 어떻게 할까요? 일부 부모님들이 '극성'이라는 말까지 들으시면서 아이들의 모든 것을 관리해 주시는 데에는 아이들이 실패하는 것에 대한 두려움이 있어서 그런 경우가 많은 것 같습니다. 아이가 실패하고 상처 받을까봐 아이가 절대로 실패하지 않는 길을 알아보고 준비해서 그 길만 갈 수 있도록 옆에서 지켜주시는 것이죠.

하지만 아이들의 실패를 두려워하지 않으셨으면 합니다. 아이들은 실패할 수 있습니다. 어른들도 실패하는 걸요. 실패해서 받는 상처는 어떻게 하냐구요? 아이들은 실패해도 상처 받지 않는 방법이 있습니다. 그것은 부모님들이 아이를 끝까지 믿어 주시고 실패했을 때도 아이에 대한 사랑과 지지를 계속 보내 주시는 겁니다. 아이가 실패했을 때 "나는 네가 성공했을 때 뿐만 아니라 실패했을 때도 사랑한단다."라고 이야기 해 주실 수 있다면 아이는 상처 받지 않고 다음의 성공을 준비할 수 있습니다. 아이가 실패했을 때 상처 받고 안 받는 것은 부모님의 반응에 따라 결정됩니다. 아이들에게 부모님의 존재는 이 세상 전부일 수 있습니다. 자신의 실패로 부모님의 말이나 행동에서 실망하는 모습을 본다면 아이는 더욱더 자책하며 상처받게 되지만 실패와는 상관없이 부모님이 변함없는 지지와 사랑을 해주신다고 느끼면 아이는 부모님을 믿고 더 큰 도전에 나설 수 있는 용기가 생깁니다. 아이에 대한 사랑과 지지를 표현해 주시고 또 마음속으로도 진정 그러셔야 합니다.

아이에게는 진심이 전달됩니다. 아이의 존재 자체를 사랑하는 부모님의 마음, 반드시 성공하지 않아도 끝까지 사랑하는 마음을 아이들에게 온전히 전달해 주는 것만으로도 훌륭한 육아가 됩니다. 그렇게 자란 아이는 자신감이 있는 아이로 성장할 것입니다.

그럼에도 아이가 실패를 두려워 할 때는 어떻게 하면 좋을까요? 일본에서 상담한 아이 중에 자신감이 부족한 아이가 있었습니다. 조금이라도 자신이 없는 일을 마주하게 되면 피해버리고 마는 아이였습니다. 아이의 마음 속에는 '실패하면 어떻게 하지?', '못하면 너무 창피할 것 같아.'라는 생각이 가득해서 처음 하는 일은 도전하지 못했습니다. 아이들은 그런 두려움을 "재미없어."로 표현하기도 합니다. 그 아이가 자신감을 찾은 방법은 부모님과 카레를 만드는 것이었습니다. 만약 처음부터 부모님이 "카레를 만들어 줄래?", "재료를 준비해 줄래?"라고 했으면 아이는 거부했을 것입니다. 하지만 부모님은 "당근을 가져다 줄래?", "당근을 씻어 줄래?", "물을 냄비에 부어줄래?"라고 부탁을 하셨습니다. 어른들이 보기에 아무리 작은 성공이라도 그러한 성공의 경험들은 아이에게 자신감을 심어 주었습니다.

계속 **단계**라는 용어를 사용했습니다. 단계라는 것은 이전의 발달을 기초로 그 위에 새로운 성장을 쌓아가는 것입니다. 그래서 아이들의 성장의 과정에서 더 중요하거나 덜 중요한 과정, 단계는 없습니다. 이 책을 곁에 두고 틈틈이 보신다면 아이의 머리 속에서 어떠한 변화가 일어나고 있는지 어느 정도 짐작이 가실 겁니다. 왜 그런 행태가 나타나는지 알면 어떻게 대응해서 양육해야 하는지도 쉽게 알게 되실 겁니다. 아이를 잘 키우기 위해서 복잡하고 어려운 뇌에 대한 공부를 여기까지 마치신 부모님 여러분, 이미 훌륭한 부모님이십니다. 아이의 뇌발달에 맞춰 즐거운 양육의 여정이 되시길 기원하고 다시 한번 응원합니다.

참고문헌

서유현, "잠자는 뇌를 깨워라.", 평단, 2007

김유미, "뇌를 알면 아이가 보인다.", 해나무, 2009

장보근, "뇌를 살리는 부모, 뇌를 망치는 부모", 예담프렌드, 2011

EBS 퍼펙트 베이비 제작팀, "퍼펙트 베이비(EBS 다큐프라임)", 와이즈베리, 2013

EBS 언어발달의 수수께끼 제작팀 "언어발달의 수수께끼", 지식너머, 2014

최혜순, 이미현, 김계중, "영유아 뇌발달과 인성교육", 어가, 2016

이케가야 유지, "0~4세 뇌과학자 아빠의 두뇌발달 육아법", 스몰 빅 에듀, 2018

Rizzolatti, Giacomo, and Laila Craighero. "The mirror-neuron system." Annu. Rev. Neurosci. 27 (2004): 169-192.

竹内エリカ, "困った子が変わる育て方", KADOKAWA, 2014

竹内エリカ, "明るい子どもが育つ 0時から6歳までの魔法の言葉", KADOKAWA, 2013

竹内エリカ, "[自分でやる]と言える子どもに育てる本", カンゼン, 2014

竹内エリカ, "子供の性格を決める 2歳から6歳までのしつけの習慣", カンゼン, 2015

Ratey, J. J. (2001). A user's guide to the brain: Perception, attention, and the four theatres of the brain. Vintage.